H. Bertram

Jahresbericht über die Städtische höhere Bürgerschule

womit zu der am 4. April 1871 Vormittags von 9-12 Uhr und Nachmittags von 2-4 Uhr stattfindenden öffentlichen Prüfung ehrerbietigst einlädt

H. Bertram

Jahresbericht über die Städtische höhere Bürgerschule
womit zu der am 4. April 1871 Vormittags von 9-12 Uhr und Nachmittags von 2-4 Uhr stattfindenden öffentlichen Prüfung ehrerbietigst einlädt

ISBN/EAN: 9783744711562

Hergestellt in Europa, USA, Kanada, Australien, Japan

Cover: Foto ©ninafisch / pixelio.de

Weitere Bücher finden Sie auf **www.hansebooks.com**

Jahresbericht

über die

Städtische höhere Bürgerschule

womit zu der

am 4. April 1871

Vormittags von 9—12 Uhr und Nachmittags von 2—4 Uhr

stattfindenden

öffentlichen Prüfung

ehrerbietigst einladet

der Rector

Professor **H. Bertram.**

———

Inhalt:

Beiträge zur Kritik des grossen Wolfdietrich.

Erst in den letzten sechszehn Jahren sind die mittelhochdeutschen Gedichte, welche die Sage von Wolfdietrich behandeln, vollständig herausgegeben worden. Im ersten Theil des Heldenbuches von 1855 veröffentlichte v. d. Hagen den Wolfdietrich A und B, ausserdem die wenigen Bruchstücke von C, welche man damals kannte. Zehn Jahre später erschien A. Holtzmanns Ausgabe des sogenannten grossen Wolfdietrich, den wir mit D bezeichnen. Vor diesen beiden Ausgaben hatte man für den Wolfdietrich A nur den abscheulichen Auszug der Dresdener Handschrift im zweiten Theile der deutschen Gedichte des Mittelalters, herausgegeben von F. H. v. d. Hagen und J. G. Büsching 1820, und für Wolfdietrich D die Umarbeitung in den alten Drucken des 15. und 16. Jahrhunderts. Die beste Handschrift des Wolfdietrich B war ausserdem in Haupts Zeitschrift 4, 401 f. abgedruckt.

Die beiden Publicationen v. d. Hagens und Holtzmanns waren aber keine kritischen Arbeiten. Wo v. d. Hagen nach einer einzigen Handschrift Texte ediert, wie z. B. den Wolfdietrich A, sind seine Arbeiten leidlich: wo er aber mehrere Handschriften für ein Gedicht benutzt, richtet er eine heillose Verwirrung an. Sein verkehrtes, freilich bequemes Verfahren bei dem Wolfdietrich B habe ich im Deutschen Heldenbuch 3, LVII besprochen. Holtzmann scheidet zwar S. XL f. die beiden Klassen der Handschriften und bringt in seiner Einleitung mancherlei für das Gedicht, aber es findet sich neben einzelnen richtigen Beobachtungen des Irrigen allzuviel. Weinholds alemannische Grammatik wird S. LVI citiert, sonst scheint dies Buch für den Verfasser der Einleitung gar nicht zu existieren. Holtzmann findet alle Spracherscheinungen auffällig, die bei Weinhold ihre einfache Erklärung gefunden haben. Die Inconsequenz in der Benutzung der beiden Handschriftenklassen giebt der Herausgeber S. XLVI selbst zu; der Text enthält auch ausserdem manche Fehler. 227, 3 z. B. wird aus y gegen alle anderen Handschriften das sinnlose *er wizz wol daz ich im riet* aufgenommen. Ähnlich wird mit Hinweisung auf die abweichende Lesart von y 600, 3 gegen alle Handschriften gesetzt *ir wœret frî des lîbes, enwœr diu frouwe mîn,* während doch die Frage des Kaisers 599, 4 *mac si mit keiner liebe sît iuwer worden sîn?* deutlich zeigt dass das *wœr* der Handschriften richtig ist. 783, 4 muss Ortnit sogar einen Jagdhund auf den Arm nehmen, weil Holtzmann die Handschrift *e* mit ihren Fehlern gegen die anderen Handschriften bevorzugt: *abcd* lesen hier *einen schœnen leithunt er an die hant genam, f: er zuo ine nam.* 174, 4 schreibt Holtzmann *do ergal daz kleine kindelin* ohne Handschrift, *g* hat *ergral,* die andern *weinte.* Doch ich will nicht weiter auf Einzelheiten eingehen. Nur ein Irrthum Holtzmanns über die gesammte Überlieferung ist noch zu widerlegen.

Mit feinem Sinne hatte Jacob Grimm schon in den altdeutschen Wäldern 2, 156 erkannt dass dem Druck des Wolfdietrich im Heldenbuch ein weit älteres Gedicht zu Grunde liegen müsse. Er sagt: 'Unser Gedicht, wie es im 15. Jahrhundert gedruckt worden ist, weist durch Anlage und Wendung des Stils und

1*

Inhalts auf eine ältore, dem Geist und der Form der Nibelungen als vollkommen ähnlich anzunehmende Fassung zurück'. Die Handschriften des Wolfdietrich D gehören sämmtlich dem 15. Jahrhundert an, aber sie weisen noch viel deutlicher als der Druck darauf hin dass das Gedicht in das 13. Jahrhundert gehört. Dies hat auch Holtzmann erkannt; aber sein Urtheil über die Entstellung in den Handschriften S. XLIX ist sehr übertrieben, wenn er sagt, es sei unmöglich aus der Überlieferung einen Text herzustellen, der in Sprache und Metrik das Mittelhochdeutsch des 13. Jahrhunderts enthielte. Wie S. LVII aus dem Sprachschatz des Gedichtes sich noch Spuren einer 'niederdeutschen oder niederländischen Quelle' ergeben sollen, so wird auch S. XLVIII f. über die Reime eine ganze Reihe von unrichtigen Behauptungen aufgestellt; auf die Menge von 'unreinen Reimen', die zum Theil alterthümlich, zum Theil sehr jung sein sollen, gründet dann Holtzmann besonders sein Urtheil über die grosse Verderbniss der Überlieferung. Dabei zählt er, um nur einen Punkt hervorzuheben, S. XLIX auch solche Reime auf, die nirgends existieren als in seiner Ausgabe, die ihren Ursprung nur einer willkürlichen Vermengung der beiden Handschriftenklassen oder einem Schreibfehler der Handschrift *e* verdanken: *man: zetal* 810. *geslaht: alt* 1777. *holt: hort* 1382. *man: geschach* 1513. Auch *dan: spranc* 1207. *hant: begraben* 2040 dürften wohl einen Platz verdienen unter den Reimen, 'die grosse Freiheiten zeigen'.

Der Wolfdietrich D bietet auch der höheren Kritik eine sehr schwierige Aufgabe. Holtzmann fand eine Lösung dieser Aufgabe bereits vor: Müllenhoff hatte, ehe die Gedichte von Wolfdietrich herausgegeben wurden, aus den Handschriften die kritische Untersuchung über das Verhältniss der einzelnen Gedichte zu einander im Ganzen vollendet und ihre Resultate in der Schrift zur Geschichte der Nibelunge Not S. 23—25 veröffentlicht. Holtzmann hat eine andere Lösung versucht. Welche von beiden Ansichten die richtige ist, wird sich nachher ergeben.

Ich setze zunächst die Aufgabe her. Wolfdietrich D stimmt im Anfang mit B überein, und zwar so dass in D 1—835 die Strophen B 1—530 enthalten sind, daneben einige kürzere und längere Stücke, die B nicht hat. Auch im weiteren Verlauf stimmen noch zweimal eine Anzahl von Strophen in B wörtlich mit denen von D überein. Ferner finden sich in D einige Strophen, die auch in A stehen; endlich stimmen die Fragmente von Wolfdietrich, die v. d. Hagen im Heldenbuch 1855 1, 163—166 abdruckt, zum Theil zu Strophen von D, während andere Strophen dieser Fragmente sich weder in A, noch in B, noch in D finden. Wie ist dieser merkwürdige Wechsel von Übereinstimmung und Abweichung zu erklären?

Müllenhoff zeigt a. a. O. dass Wolfdietrich A nicht von Einem Verfasser herrührt, sondern dass bei Str. 506 die Arbeit eines Fortsetzers beginnt. Die Strophen von A, die mit denen von D wörtlich stimmen, gehören aber der Fortsetzung von A an, die auch den Wolfdietrich B kennt. Die Fragmente bei v. d. Hagen sind die Reste eines selbständigen Gedichtes, des Wolfdietrich von Athen, der mit C bezeichnet wird. Die Übereinstimmung von C und B mit D erklärt sich daraus dass D eine Verschmelzung der beiden Gedichte B und C ist: was nicht aus B entlehnt ist, von dem ist im allgemeinen zu vermuthen dass es aus C stamme.

Holtzmann lässt die Übereinstimmung zwischen A und D, die er S. LXXXV doch wahrgenommen hat, ohne Erklärung. Das Verhältniss von B und D kehrt er um, denn so wie es von Müllenhoff aufgefasst war, widersprach es schon seiner auch sonst beliebten Ansicht über die Entstehung des deutschen Epos, für das er eine beständige Subtraction annimmt. Wolfdietrich B konnte ihm also nur als eine abkürzende Verbindung von D und A erscheinen, S. XXI. XCVII, die er gegen das Ende des 15. Jahrhunderts setzt. Als Grund für diese Zeitbestimmung führt er S. L ein paar rohe Reime aus B an. Wie nichtig dieser Grund ist, habe ich im Deutschen Heldenbuch 3, LVI gezeigt: diese Reime stehen nur in der schlechtesten Handschrift H; betrachten wir nicht die Reime einer Handschrift, sondern des Gedichtes B, so ergeben sie ganz allein die Nothwendigkeit, das Gedicht in das 13. Jahrhundert zu setzen. Wegen der genaueren Zeitbestimmung für B kann ich auf meine Ausführungen a. a. O. LXVI—LXXI verweisen.

Zu der irrigen Auffassung von B kommt bei Holtzmann ein zweiter Fehler: er verkennt die Bedeutung der Bruchstücke von C. Aus den wenigen Resten, die v. d. Hagen im Heldenbuch 1, 163—166 abdruckte, hatte Müllenhoff erkannt dass wir hier eine selbständige Darstellung der Wolfdietrichssage haben, die von D theilweis benutzt wurde. Die beiden seitdem noch in Wolfenbüttel aufgefundenen Blätter von C, von denen ich eins unter Nr. III mittheile, gewähren für diese scharfsinnige Annahme die glänzendste Bestätigung. — Holtzmann will S. XLII in den Bruchstücken von C nur · den Wolfdietrich D erkennen. Über die selbständige Behandlung der Jugendgeschichte Wolfdietrichs in C setzt er sich schlecht genug mit den Worten hinweg: 'obwol in diesem (d. i. C) die Vorgeschichte wie es scheint ganz willkürlich geändert ist, so ist doch unser Wolfdietrich (d. i. D), und zwar wiederum der Text *w*, ganz deutlich zu erkennen'. Holtzmann beruft sich sodann auf die auch von Gödeke, Grundriss 1, 59 bemerkte 'Übereinstimmung' von C II 14 und D 346. Die Strophe von C ist unten abgedruckt, die von D lautet in den Handschriften *bc*, die am genauesten zu C stimmen:

'Grippian der riche   was mir dar umbe holt,
er gap mir ros und kleider,   silber unde golt.
ich beleip dâ siben jâr'   sprach der grise man,
'unz daz mir guot botschaft   von Kriechen riche kam'.

Aber er vergisst ganz dass C diese Strophe in einem anderen Zusammenhang hat als D — Berchtung selbst spricht in C nicht —, und dass es übereilt ist, kurzweg von Übereinstimmung zu reden. In C II wird berichtet wie König Trippel von Athen und seine Gemahlin Diotlind ihr Kind im Walde verloren haben und darüber betrübt sind. Von Berchtung muss vorher erzählt worden sein: wahrscheinlich hat er Schuld an dem Verlust Wolfdietrichs und flieht deshalb zum König Grippian von den wilden Reussen 10, 3. In der Lücke 11, 1 bis 13, 2 muss Berchtungs Geschicklichkeit im Messerwerfen berichtet worden sein und wie er Belian, den Sohn des Königs, darin unterrichtet. Daran schliesst sich die vierzehnte Strophe und mit 15, 1. 2 *merket, lieben liute, dem künege Grippián lâzen wir Berhtungen, den helt lobesam* wendet sich der Dichter wieder zu Wolfdietrich, dessen Heimkehr aus dem Walde kaum die folgenden Strophen des Bruchstückes noch enthalten. Dagegen erwähnt D den Aufenthalt Berchtungs bei Grippian in einer Interpolation von eilf Strophen, die in das zweite Lied von B eingeschoben ist: Berchtung macht mit Wolfdietrich eine Probe im Messerwerfen und erkennt ihn als seinen Meister in dieser Kunst an. Dabei erzählt Berchtung dass er von Wolfdietrichs Grossvater Anzius das Messerwerfen gelernt habe und von ihm (nicht von Wolfdietrichs Vater wie in C) zu Grippian geflohen sei; dort sei er sieben Jahr geblieben (so *ac*, ohne bestimmte Zeitangabe *ef*) und habe den Sohn Grippians das Messerwerfen gelehrt. Wenn D hier die Erzählung von C II nur in die erste Person umsetzt, sonst aber wörtlich beibehält, so folgt daraus dass der Verfasser von D, der ja C kannte und schon das Abenteuer mit Olfan daraus aufgenommen ... ... die Notiz über Berchtungs Flucht deshalb hier nachholte, weil in der Jugendgeschichte Wolfdietrichs, die D aus B entnahm, kein Platz dafür war.

Weiter sagt Holtzmann 'vollständig aus w genommen ist das zweite Blatt, S. 165', d. i. C III 30, 4 f. Hier stimmen allerdings drei Strophen wörtlich mit D überein; aber die folgende Bemerkung 'die Buchstaben der Kehrseite sind zu vereinzelt, als dass sie im Texte gefunden werden könnten' ist wieder unvorsichtig: v. d. Hagens Blatt enthält doch soviel Buchstaben und vollständige Worte, dass sie sich in D finden lassen mussten, zumal sich genau berechnen liess, wie viele Zeilen zwischen der Vorderseite und der Kehrseite fehlen müssen. Durch einen glücklichen Zufall ist in Wolfenbüttel gerade das Stück, welches an v. d. Hagens zweitem Blatte fehlt, beinahe vollständig gefunden und beweist die Selbständigkeit von C ebenso wie das zuletzt aufgefundene Blatt von C. Man sieht dass nur bis III 41, 2 (301, 2 Holtzmann) C und D übereinstimmen; die Worte auf der Kehrseite des zweiten Blattes gehören zu 47, 3 bis 50, 1 und können sich also in D nicht finden.

Den Widerspruch zwischen D 267—270 und 353 — Wolfdietrich wird zweimal wehrhaft gemacht: erst von seinem Vater, dann von Berchtung — hat Holtzmann S. LXXXV bemerkt. Er will daher die Strophen 267—270 streichen, wie auch das Abenteuer mit Olfan. Aber es liegt auf der Hand dass dieser Widerspruch sich ganz einfach löst durch Müllenhoffs Annahme über die Entstehung von D: 267—270 sind nicht in B enthalten, sondern werden wie die folgenden Strophen aus C aufgenommen sein; 353 aber steht in dem Stücke 328—390, das aus B 259—300 entlehnt ist, und entspricht der Strophe B 269. Noch ein anderer Widerspruch findet sich in D, den Holtzmann nicht bemerkt hat. Wolfdietrich zieht D 272, 2. 291, 4—8 mit eilf jungen Rittern (das sind Berchtungs Söhne) nach Siebenbürgen auf Abenteuer. Hernach aber D 354. 381—384 hat Berchtung sechzehn Söhne, von denen sechs im Kampf gegen Wolfdietrichs Brüder Bauge und Wachsmut erschlagen werden. Dieser Widerspruch erklärt sich ebenso einfach wie der vorige: C kennt überhaupt nur eilf Söhne Berchtungs, wie sich aus III 44, 4. 49, 3 klar ergiebt. Die Stellen von D, welche eilf Dienstmannen Wolfdietrichs vor dem Kampf mit den Brüdern nennen, sind aus C entlehnt: D 272 = C II 111. D 291, 4—8 = C III 30. 31; dagegen erwähnt D sechzehn Söhne Berchtungs in dem schon vorhin bezeichneten Stücke 328—390, das aus B stammt: D 354 = B 270. D 381—384 = B 280—292.

Die Selbständigkeit des Wolfdietrich C ist demnach über jeden Zweifel erhaben. Die beiden eben aufgewiesenen Widersprüche in D liefern einen einleuchtenden Beweis gegen Holtzmanns Ansicht, B stamme aus D. Dass der entgegengesetzte Fall vorliegt, ist klar und lässt sich auch aus der Strophendifferenz in B und D, sowie aus der Art, wie der Text von B in D verändert worden ist, nachweisen. Ich brauche hier auf das Einzelne nicht einzugehen; es genügt auf meine Ausgabe des Wolfdietrich B zu verweisen. Hier sind die Zusätze von D sämmtlich in den Anmerkungen mitgetheilt, und es zeigt sich so am besten dass wir in diesen Strophen Erweiterungen des ursprünglichen Textes B haben, nicht aber in B eine Verkürzung des ursprünglichen Textes D, wie Holtzmann S. XXX behauptet. Echte Strophen von B fehlen in D sehr selten: zuweilen verriethen sich durch das Fehlen in D interpolierte Strophen von B. Wie D im Einzelnen seine Vorlage B verändert, kann man sich leicht anschaulich machen, indem man die beiden Texte mit einander vergleicht. Nur auf Eins sei hier noch hingewiesen; rührende und ungenaue Reime in B werden von D fast immer beseitigt, wie die folgende Zusammenstellung zeigt. Nur die rührenden Reime auf -lich und -rich, sowie kindelin: kriuzelin 140. 189 bereit: reit 250 werden beibehalten.

B	D

13, 3 magedîn: dîn — 19,4 gehân: stân.
17, 1 gebâr: wâr (vgl. D H B 3, LXVI) — 23, 1 frî: bî.
58, 3 juncfrouwen mîn: frouwe mîn — 64, 3 megde mîn: künigîn.
59, 3 unversaget: unverzaget — 65, 3 mîn: künigîn.
70, 1 gesîn: sîn — 77, 1 sîn: mîn.
73, 3 wilkomen sîn: sîn — 79, 3 künigîn: sîn.
98, 1 versagen: gaden — 103, 1 geschaden: gaden.
122, 1 rîch: Hugdietrîch — 127, 1 ûz erkorn: zorn.
127, 3 undertân: getân — 132, 3 begert: gewert.
141, 1 erhaben: sagen — 150, 1 bereit: seit.
176, 3 vingerlîn: kindelîn — 223, 3 vingerlîn: sîn.
190, 1 vingerlîn: kindelîn — 195, 1 hant: bewant.
221, 1 frouwe mîn: herre mîn — 232, 1 künigîn: mîn.
234, 3 bereit: reit — 241, 3 vermeit: reit.
247, 3 sweher mîn: triuwen mîn — 252, 3 herre mîn: künigîn.
261, 1 sag: tac — 330, 1 geben: geleben.
270, 1 brâht: geslaht — 354, 1 hot: stet.
271, 3 sagen: behaben — 355, 3 sagen: bejagen.
273, 3 hab: gap — 357, 3 habe: tagen *e*, :haben *fg*, :abe *abcd*.
280, 3 bescheiden ist: billîche ist — 366, 3 hât: stat.
333, 3 degen: leben — 548, 3 eben *efg*, geben *abcd*: leben.
346, 1 lant: bürge unde ouch lant — 567, 1 sant: lant.
353, 1 sunderbær: fröudenbær — 575, 1 bluot: wol gemuot.
375, 3 willen mîn: frouwe mîn — 597, 3 mîn: gesîn.
391, 3 frouwe mîn: hunden mîn — 620, 3 megetîn: hunden mîn.
[400, 1 versagen: haben — 632, 1 wilkomen: vornomen *abcd*.]
407, 1 degen: geben — 641, 1 holt: golt.
420, 1 versagen: haben — 655, 1 nit: erbit*).
437, 2 rîch: Wolfdietrîch — 701, 1 künigîn: sîn.
441, 3 phlegen: leben — 706, 3 ergeben *efg*, geben *abcd*: leben.
[444, 3 behabe: habe — 709, 3 lip: wip *abcd*.]
462, 3 tac: sag — 759, 3 lanc: spranc.
[489, 3 behaben: widersagen — 790, 3 mîn: sîn *abcd*.]
491, 3 wær: fröudenbær — 794, 3 schriet: niet.
494, 3 erslagen: haben — 797, 3 erslagen: tragen.
498, 3 vervân: erslân — 800, 3 gewegen: leben *efg*, swert: gewert *abcd*.
501, 3 ab: gap — 803, 3 abgeschriet: niet.
509, 1 degen: streben — 811, 1 leben: streben.
527, 3 degen: leben — 829, 3 dar an: lobesam.

Ferner ändert D die Mehrzahl der Stellen von B, die die Formel *daz sage ich iu für wâr* enthalten. Nur einmal B 9, 2 = D 15, 2 ist dieser Halbvers unverändert gelassen, ausserdem viermal, wo er in Reden vorkommt: B 36, 2. 53, 1. 305, 4. 341, 4 = D 44, 2. 58, 1. 509, 4. 561, 4. In den zahlreichen andern Stellen wird entweder dafür gesetzt *seit uns diz buoch für wâr*: B 26, 2. 135, 2 264, 2. 266, 2. 330, 2 = D 34, 2. 333, 2 *ac*. 335, 2 *ac* (*daz ist endlich wâr ef*). 544, 1 *ac* (der Reim geändert *ef*) oder der Reim wird verändert: B 17, 2. 56, 2. 126, 2. 241, 2. 258, 2. 318, 4.

---

*) Die Handschriften *ac* lesen *erbeit*, und *erbit* soll jedenfalls der Indicativ sein, nicht der Conjunctiv. So haben wir hier einen der ältesten sicheren Belege für den nhd. Sing. Prät., der dem Plural im Vocal gleich ist; vgl. Weinhold alemann. Gramm. § 333. bair. Gramm. § 268. Dass diese Vocalgleichheit auf falscher Analogie beruht, zeigte schon J. Grimm, Grammatik 1, 985. 986.

338, 4. 340, 4. 349, 2. 393, 4. 472, 2. 522, 1. 523, 3 = D 23, 2. 62, 1. 133, 2. 247, 2. 261, 2. 522, 4. 559, 4. 560, 4. 570, 2. 622, 3. 772, 2 ac *(daz ist endlich wâr ef).* 824, 1. 825, 3. Auch *für wâr ich iu daz sage* B 423, 4. 466, 2 wird verändert D 669, 4 *ef.* 764, 2.

Aus dem Gesagten ergiebt sich deutlich dass Holtzmanns Ansichten über das Verhältniss der Gedichte von Wolfdietrich haltlos sind. Das richtige Verhältniss derselben übersieht man leicht in der folgenden Tabelle, in der auch die Resultate der von Arthur Amelung und mir in der Vorrede zum dritten Theil des deutschen Heldenbuchs angestellten Untersuchungen dargestellt sind.

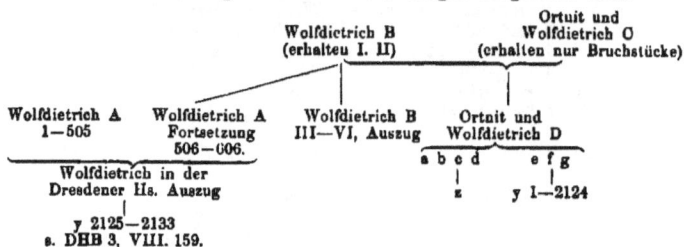

Wolfdietrich B
(erhalten I. II)

Ortnit und
Wolfdietrich C
(erhalten nur Bruchstücke)

Wolfdietrich A 1—505	Wolfdietrich A Fortsetzung 506—606.	Wolfdietrich B III—VI, Auszug	Ortnit und Wolfdietrich D

Wolfdietrich in der
Dresdener Hs. Auszug

a b c d   e f g

z   y 1—2124

y 2125—2133
s. DHB 3, VIII. 159.

Zur Erläuterung dieser Tabelle und der folgenden Untersuchung führe ich hier die Handschriften des Wolfdietrich C und D, die im Deutschen Heldenbuch 3, V—VIII beschrieben sind, noch einmal an.

C die Bruchstücke des Wolfdietrich C, in Berlin und Wolfenbüttel.
a die Heidelberger Handschrift Nr. 365.
b die Handschrift der Frankfurter Stadtbibliothek.
c die Handschrift der Strassburger Seminarbibliothek.
d die Handschrift der Strassburger Johanniterbibliothek.
e die Heidelberger Handschrift Nr. 373.
e² das Wernigeroder Bruchstück.
f die Oehringer Handschrift.
g die Donaueschinger Handschrift.
y die Handschrift des Wiener Piaristencollegiums.
z der alte Druck des Heldenbuches.

Dass die Handschriften des Wolfdietrich D in zwei Klassen, *abcdz* und *efgy,* zerfallen, hat Holtzmann richtig erkannt. Welchen Werth jede dieser Klassen für die Kritik hat, soll im Folgenden an ihrem Verhältniss zu B und zu den Bruchstücken von C geprüft werden.

Für den Ortnit bestimmt Amelung DHB 3, XI das Verhältniss des gemeinen Textes D zu den Handschriften A W so dass 'im ganzen wohl *abcd* besser als *efg* zu A.W stimmt'; *efg* haben 70 Strophen weniger als *abcd*, und von diesen 70 Strophen stehen 44 in A W; dagegen hat *efg* nur 4 sicher echte Strophen, die in *abcd* fehlen.

Betrachten wir die Strophendifferenzen im Wolfdietrich D und B. Beide Handschriftenklassen von D haben viele Zusätze zu dem Text B gemacht; folgende Strophen und Halbstrophen von B aber fehlen in D: [45], fehlt auch in K. 46. 47. 55. 72, stehen in *y.* 75. [214. 220]. 228. 229. 231. 237. 249. [251]. 321. 322. 330, 3—340, 2. [4 Zeilen nach 426, 2 und drei Strophen nach 439, 2; 443, 5. 6. 461, 5. 6. 462, 5. 6]. 509, 3—510, 2.

Die Differenz zwischen den beiden Klassen von D ist im allgemeinen so, dass *abcd* mehr Strophen haben als *efg*. Die wenigen Strophen von *efg*, die in *abcd* fehlen, sind folgende:

B 167, steht in *efg* nach 166, 2.

B 333, 8—12 = D 550.

> Von einer stiefmuoter   ich verfluochet bin,
> daz wizzest, degen guoter,   biz daz die sinne sin
> an mich wendet der beste,   der in der welt hâtz leben.
> daz bist du, lieber hèrre.   wilt du mir dîn hulde geben?

B 472, 5—12 = D 773. 774 wird noch einmal von der Fromuot berichtet, welche D in dem zweiten Liede von B als Begleiterin der Liebgart auftreten lässt:

> 5 Dô frouwe Sigeminne   was zer alten Troyen tôt,
> umb si leit diu schœne Frômuot   jâmer unde nôt.
> si klagt sô klegelîchen   die frouwen lobesam,
> daz ez begunde erbarmen   manegen werden man.
> 9 Dô sprach Wolfdietrich   'du solt dich wol gehân:
> ich wil dich ergetzens dienstes,   den du mir hâst getân'.
> er gap der schœnen Frômuot   einen fürsten lobesam,
> und dar zuo daz ganze lant   macht er ir undertân.

B 475 = D 776. Die vorhergehende Strophe fehlt *efg*, ist aber in *abcd* erhalten. — Die Zusätze von zwei Zeilen, die sich öfter in *fg* oder in *f*, nicht in *e* finden, können übergangen werden.

Bei weitem grösser ist die Zahl der Strophen, die in *abcd* stehen, während sie in *efg* fehlen.

B 73, 5—8 = D 79, 5—8.

> Dô wart von gedrange   ein ungefüeger schal:
> die tische wurden gerihtet   in palas unde in sal.
> dô der künec mit den gesten   wolte ezzen gân,
> im volgte in daz gesidel   manic hôchgeborner man.

B 117, steht auch in *y*, vgl. Holtzmann S. XXXI.

B 179. *abcd* setzen noch eine Strophe zu, welche die vermeintlich fehlende Antwort auf die Frage der Hiltburg geben soll.

> 5 'Wir enwizzen, wes ez sî,   od wer ez dar habe getragen,
> oder ob ez sî getoufet,   daz kan uns nieman sagen.
> ez muoz von hôher art   zwâre geborn sin:
> swaz umb ez was geslagen,   daz was allez sidîn'.

B 226, steht nach 227.

B 300. Die folgende Strophe B 301 = D 390 ist in D bedeutend verändert, so dass sie wie eine Zusammenziehung von B 300. 301 erscheint. Es ist zu bemerken, dass D den Reim von B 301, 3. 4 *verwegen: leben* beseitigt hat.

B 304, 5—8 = D 508, 5—8 in *ad*, nicht in *bcz:*

> 5 Dô sprach herzog Borhtunc   geborn von Mèrân
> 'nu hœret, lieber hèrre,   als ich vernomen hân,
> also ez mir ze sinne   und inz herze komen ist:
> iuch hât gesuocht ein rûhez wip   iezuo lange frist.

Die Breite dieser Strophe in 2ᵇ und 3 fällt sofort auf; sie wird noch unerträglicher durch den Wortlaut von 305, 1 in *abcd*: *Hèrre, iuch suocht mit listen allez ein rûhez wip.*

B 325, 4 ist in D 532, 4 *ef* so verändert dass Berchtung noch einmal erwähnt, die rauhe Else sei dem Wolfdietrich sieben Jahre (wie D 509, 3, während B 305, 3 sagt: *unz in daz dritte jâr*) nachgegangen. *abcd* erweitern diese Angabe, indem sie 3. 4 die rauhe Else noch weiter antworten lassen und dann die Rede Berchtungs in einer vollen Strophe geben, die in der zweiten Hälfte gereimte Cäsuren hat:

2

3 daz du ie sô verre   bist komen in mîn lant.
    dîner hêrren keiner   wart mir nie bekant'.
5 'Ir saget unreht zwâre,   ir sit im nâch gegân.
    iezen sîben jâr ich in   vor iu behalten hân,
    wan ein kleine wîle   hân i'n unbehuot gelân:
    dô kômet ir mit île   und entfuortet mir den man'.

Nach 329 erzählt D in 7 Strophen (5—32), wie Berchtungs Söhne wegen ihrer Treue gegen Wolfdietrich von Bauge und Wachsmut in Fesseln gelegt werden: in einer Strophe, die D 329, 29—32 = 543 Holtzmann entspricht, erzählt dies auch die Handschrift H:

    Umb die triuwe die si hêten   ze Wolfdietrich,
    [darumb] wurden si gevangen,   die helde lobelich.
    man sluoc ie zwêne zesamene   in einen bloc guot:
    dar inne litens lange   trûriclîchen muot.

In *abcd* ist noch eine achte Strophe zugesetzt, deren Cäsuren gereimt sind:

33 Man phlac niht der fürsten guote,   als in was geslaht:
    man sazt in heimlich huote   beidiu tac unt naht.
    ob si in iren banden   wanc heten getân,
    sô wolt man si zchanden   dan verderbet hân.

Nach B 422 sind in D einige Strophen (5—44 = D 659—668) zugesetzt, die ein Gespräch Wolfdietrichs mit dem Waldmann enthalten. Wolfdietrich erfährt dass ein Riese eine Christenfrau durch den Wald auf die Burg Altenfelse geführt hat. Er wünscht dorthin geführt zu werden und da der Waldmann den Riesen Tresian fürchtet, so verspricht ihm Wolfdietrich eine Burg in der alten Troye 32: darauf erfüllt der Waldmann Wolfdietrichs Bitte 37—44. In *abcd* sind nach 32 vier Zeilen eingeschoben, in denen der Waldmann sich erst der Sicherheit wegen den Namen seines Gastes sagen lässt:

33 'Daz si, fürste edele: saget mir iuwern namen,
    daz ich iuch erkenne.   des dürft ir iuch niht schamen'.
    'wistest du daz gerne,   ich tuon dirz bekant:
    ich heize Wolf hêr Dietrich   und bin wîte erkant'.

In einer längern Interpolation nach B 454 giebt D 722—751 noch ein Nachspiel zu Wolfdietrichs Kampf mit Tresian, indem der Held mit der Schwester des Riesen, Berille, streiten muss. Sie bindet ihn, verbirgt sein Schwert in einer Steinwand und kehrt zurück, um ihn an einen Baum zu henken. Wolfdietrichs Bande lösen sich durch einen Regen, ein Zwerg giebt ihm sein Schwert wieder und jetzt tödtet er das Riesenweib. Er kehrt mit dem Zwerge zu Sigminne zurück und verleiht die Hälfte des Landes dem Waldmann, die andere Hälfte dem Zwerge. Nach einem festlichen Empfang auf Altenfelse werden Wolfdietrich und Sigminne von dem Waldmann wieder zu Ortnit geführt. In diesem Stück haben *abcd* eine Strophe 13—16 = D 724 mehr als *efg*; sie enthält die Antwort Wolfdietrichs, nachdem Sigeminne ihn vor der Schwester des Riesen gewarnt hat:

    Er sprach 'ir sult hinne   âne sorgen stân,
    sô wil ich, küniginne,   an die porte gân,
    ob ich iender sehe komen   die übel valentin:
    ir wirt der lîp benomen,   ê si kome ze iu her in'.

B 474. Die vierte Zeile ist überlang *si verburgen si in einen holen berc, dô verderbeten si manegen helt balt* und entspricht der ersten Zeile von Strophe 475, die in *abcd* fehlt, während sie in *efg* erhalten ist.

Die vier Strophen B 479—482 sind in *abcd* um vier neue Strophen vermehrt; offenbar erschien dem Schreiber der Abschied von der Kaiserin und die Beschreibung von Ortnits Rüstung in B nicht ausführlich genug. Auch eine

Reminiscenz an den Ortnit, wo der Abschied 527—551 dargestellt wird, mag zu dieser Erweiterung geführt haben: dieselbe Reminiscenz hat in *fgy* (nicht nur in *gy* wie Holtzmann S. 120 sagt) hier einen Zusatz veranlasst, welcher der 540n Strophe des Ortnit entspricht. Ich setze die ganze Stelle im Zusammenhang her:

479 Dô sprach gezogenlichen   der keiser lobesam
  'wie lang sol ich verderben lân   mancgen biderben man?
  ich bestuond mit gotes hilfe   al ein wol hundert man:
  und solte ich dann die liute   in solhen nœten lân?'
  [5 Si sprach 'gedenke, hêrre,   wie ez ze Garten stât,
  und wie min arger vater   die wilden wûrme hât
  gesendet her ze lande   ûf dinen schaden grôz'.
  mit beiden iren handen   si in liepliche umbeslôz.
  9 'Du solt mich lâzen riten   mit guotem willen din
  und solt mir urloup geben,   vil edeliu keiserin.
  ich wil sin niht erwinden,   ich wil ze walde varn'.
  dô sprach diu keiserinne   'sô muez dich got bewarn'. *abcd*]
480 Si sprach 'vil lieber hêrre,   ich hœre iuch des verjehen,
  ir wellet niht erwinden,   ir enwelt die wûrme sehen:
  sô muoz ich iu sin gunnen   und ouch min urloup geben.
  nu friste iu got von himele   iuwer junges werdez leben'.
  [5 'Ez ist im vierden jâre   daz du mir wurde (warst *f*) kunt.
  min herze ist âne sniden   und âne wâfen wunt.
  des solt ich mich nieten,   vil lieber hêrre min.
  ich sihe (sol *f*) wol leider,   ez mac niht anders (*fehlt f*) sin'. *fgy*]
481 Sinen guoten harnasch   hiez er für sich tragen:
  an wâpent in diu frouwe,   daz wil ich iu sagen.
  si hiels in tugentlichen,   diu keiserinne hêr,
  si sprach 'mir saget min herze,   ich gesihe dich nimmer mêr'.
  [5 Dô sprach der riche keiser   'wie möhte daz ergân?
  ich gesach nie man sô küenen,   ich entörste iu wol bestân.
  vind ich die wilden wûrme,   ich wil in tragen haz'.
  dô weint diu keiserinne   daz ir diu ougen wurden naz. *abcd*]
482 Ein ros hiez im der werde   mit süßten ziehen dar,
  und sinen schilt von golde,   des nam er eben war.
  ein horn rôt von golde   reicht man den fürsten rich,
  und einen guoten leithunt,   daz wizzet sicherlich.
  [5 Sin swert gurte er umb sich   mit ellenthafter hant,
  daz was geheizen Rôse.   den helm er ûf bant,
  er stricte daz fürbüege   und gurte dem rosse baz:
  Ortnit der riche keiser   balde dar ûf gesaz. *abcd*]

B 495. Die Strophe enthält die Rede Ortnits, die für den Zusammenhang nicht wohl entbehrt werden kann.
Nach 498, 4 haben *abcd* vier Strophen:
  5 Dô sprach der riche keiser   'daz wil ich understân,
  dir danken dines dienstes,   den du mir hâst getân.
  wil dich min swert sniden,   du muost geligen tôt.
  ich hân von dinen ungefuogen   geliten grôze nôt.
  9 Sage mir, trûtgeselle,   wie mahtu sin genant?'
  er sprach 'ich heize Velle   und brâht her in diz lant
  zwêne wilde wûrme   ûf den schaden din,
  und ist daz du erstirbest,   sô wil ich keiser sin'.

13 Dô sprach Ortnit der keiser   'du wær mir unbekant.
    sît du die wilden würme   bræhte in diz lant,
    du muost den schaden gelten   der mir ist beschehen
    an mannen und an mâgen: der wârheit wil ich jehen'.
17 Dô sprungen si zesamene   ûz ungefüegem leit.
    'müet dich' sprach der keiser   'daz ich dir hân geseit,
    sô wer dich frümeclîchen   und trit her nâher baz'.
    der rise was erzürnet,   er truoc dem keiser haz.

Die beiden mittelsten Strophen 9—16 hat auch *e* nach 489, 4 mit der Veränderung der beiden letzten Zeilen

              die hânt mir getân   manic grôzez leit.
              du ungefüeger zage,   nu sî dir widerseit.

fgy dagegen kennen diese beiden Strophen nicht. Da *e* B 474 auslässt, so ist die Erwähnung des Namens Velle 10 in *e* passender als in *abcd*, wo die Frage des Kaisers fast bei dem Ende des Kampfes sehr überflüssig ist. Das unpassende *trütgeselle* ist nur durch den Cäsurreim veranlasst; *e* hat 9ᵃ *dô sprach der rîche keiser* wie 5ᵃ.

    Nach 510 geben *abcd* noch eine Strophe

5 Er namz houbet bî dem hâre   und truogz zem satel dan,
    er wolte ez durch ein wunder   gên Garten gefüeret hân.
    dô dûhte ez in ze swære,   er warf ez ûf daz lant.
    sînen schilt grüenen   nam er für die hant.

und ebenso nach 511, 1 zwei werthlose Zeilen

              er het si beide getœtet,   des woltens in niht erlân.
              dô reit der Lampartære   von in in den tan.

B 522 und 523 sind in *abcd* um zwei Zeilen vermehrt:

522, 5 er stiez in aber mêre   mit dem houbet ûf die brust.
       er begerte sîner helfe,   dar umb tet er alsust.
523, 5 von den herten stœzen   der vil von im geschach,
       daz daz bluot rôt   von in beiden brach.

    Nachdem 522, 3. 4 schon erzählt ist dass der Elephant den Kaiser durch sein Stossen zu erwecken versucht hat, ist die Wiederholung des Stossens ebenso überflüssig wie die Erklärung Z. 6, dass er die Hilfe des Kaisers begehrt. Auch 523, 5. 6 sind ungeschickt und weitläufig angefügt an 523, 3. 4, die in D abweichend von B lauten

der strit wart êrste herte (sich huop ein zorn herte *abcd*)   von den tieren zwein,
daz daz wilde fiuwer   in dem walde erschein.

Übrigens steht 523, 5. 6 nicht in *z*.

    Statt B 530, 1. 2 hat D zwei und eine halbe Strophe: 529, 5—18 = D 832, 1—835, 2. Hier verklugern *abcd* die Rede der Liebgart 7. 8 = D 832, 3. 4 in eine Strophe (9—12 = D 833), in der wieder der Vater der Kaiserin erwähnt wird wie in dem Zusatz 479, 6 und zerdehnen den Inhalt von 13. 14 = D 834, 1. 2 zu vier Zeilen 13—16, von denen die beiden ersten der Halbstrophe 5. 6 = D 832, 1. 2 nachgebildet sind.

529, 9 Und hât der rîche keiser   alsô den lîp verlorn,
       sô hân ich sêre engolten   mîns argen vater zorn,
       der die wilden würme   hât gefrumet in daz lant:
       dâ von mir armen wîbe   arbeit wirt bekant'.

13 Doch wart si wol innen   wie ez ergangen was.
do weind diu keiserinne   daz ir [diu] ougen wurden naz
und diu . . . . wangen,   daz tete ir sicher nôt.
si klagte in ganzen triuwen   ir lieben hêrren tôt.

Endlich setzen *abcd* noch nach B 530 = D 835 drei Strophen zu, um von dem Bilde Ortnits zu erzählen, das B 739 f. und D 1551 f. erwähnen

 5 Durch siner sêle willen   gab si michel guot
münchen unde pfaffen,   als man billiche tuot.
swâ man die armen liute   in den hiusern vant
in allen iren landen,   den macht si lidic iriu phant.

 9 Ein schœnen schilt niuwe   frumt diu frouwe wol getân,
dar an hiez si mâlen   Ortnit ir lieben man
mit rôter lâsûre,   daz sage ich iu für wâr,
ein krône ûf sinem houbet   von rôtem golde klâr.

13 Anderhalp dar gegen   ein wunderschœnez wîp:
lieplichen an ze sehen   was ir beider lîp.
er hete si umbevangen   und kust si an den munt.
des wart der keiserinne   dicke jâmer kunt.

In *z* schliessen sich hieran noch sechs Strophen 311, 39--323, 4 Keller. Die letzte derselben entspricht der Schlussstrophe des Ortnit *z* 125, 32—39, in der ersten Hälfte sogar wörtlich.

Es ergiebt sich aus der Beobachtung der Strophendifferenz folgendes Resultat: *efg* haben fünf Strophen mehr als *abcd*, darunter zwei echte Strophen von B: 167. 475. Dagegen haben *abcd* 28 Strophen, die in *efg* fehlen; oder wenn man B 304, 5—8 *ad* abrechnet, 27. Von diesen sind sechs echte Strophen von B: 117. 179. 226. 300. 474. 495.

Bei weitem wichtiger ist aber die Untersuchung, in welchem Verhältniss die beiden Klassen *abcd* und *efg* in den Strophen, die D aus B entlehnt, zu einander stehen. Die Vergleichung der beiden Recensionen B und D zeigt zunächst dass viel seltener *Babcd* gegen *efg* oder *Befg* gegen *abcd* stimmen, als B und D einander gegenüberstehen. Da in dem letzten Falle die beiden Klassen von D zwar meistens übereinstimmen, jedoch weder *abcd* aus *efg* noch umgekehrt *efg* aus *abcd* sich direct ableiten lassen, so müssen wir eine gemeinsame Vorlage D für beide Klassen annehmen, die schon mannigfache Änderungen mit dem Texte B vornahm, vielfach aber ihn auch treu bewahrte. Aus dieser verlorenen Vorlage stammen die uns erhaltenen Handschriften. Wo entweder *abcd* oder *efg* den Text von B bewahren, während die andere Klasse davon abweicht, ist anzunehmen dass die Vorlage D den Text B hatte, den eine Klasse änderte. Es ergeben sich demnach für das Verhältniss des gemeinen Textes D zu B folgende drei Schemata

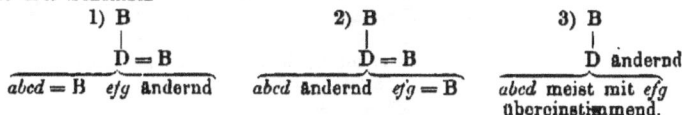

1) B	2) B	3) B
D = B	D = B	D ändernd
abcd = B *efg* ändernd	*abcd* ändernd *efg* = B	*abcd* meist mit *efg* übereinstimmend.

Das dritte Schema ist so häufig angewandt, dass es nicht nöthig ist, dafür Beispiele anzuführen. Nach welchen Gesichtspunkten D den Text von B veränderte, ist oben S. 7 an einer Reihe von Stellen gezeigt worden. Es fragt sich aber, welches von den beiden andern sich häufiger findet: mit andern Worten, ob *abcd* oder *efg* dem Text B näher steht.

Ich stelle zuerst die Fälle zusammen, die dem zweiten Schema entsprechen.

11, 3. 4 ist in *efg* der Reim von B *künigin* (*magedîn* B): *gesin* erhalten, *abcd* ändern *maget: diu dir ze wîbe wol behaget*, während sie 12, 3. 4 wo dieser Reim *maget: behaget* in *Befg* steht, den von 11, 3. 4 geben.

70, 1 *mac* (*mac aber* B) *daz stæte gesin Befg* — *mac ich des sicher sin abcd.*

185, 1. 2 *edeliu künigin, tuot ez durch got von himele und lât iur weinen* (*klagen e*) *sin efg.* In B steht *got den guoten*, wofür D fast stets setzt *got von himele. abcd* ändern *lât iuwer klage(n) stân, ich sage iu guotiu mære, diu ich vernomen hân*, um den Cäsurreim auf *wahtære* zu gewinnen.

187, 4 ändern *efg* nur die erste Halbzeile [*si sprach*] 'owê, liebiu muoter, wes *mac ez gewesen sin*, *abcd* dagegen den ganzen Vers *sô lâz mich ez ouch sehen*, (*trût*) *liebiu muoter min.*

217, 3 der Text von B *urloup nam er von dannen* ist in *efg* wenig geändert: *urloup si nâmen schône*, mehr in *abcd*: *in zogte wol zer verte.*

394, 3 hat B *dem unverzagten man, efg dem herzoge lobesam*; *abcd* setzen dafür *daz sach manec werder man.*

302, 1. 2 ist der Text von B *si beliben dâ, die hérren, unz si begreif diu naht. dô sprach Wolfdietrich zuo den helden geslaht* in *efg* wenig verändert *si sâzen eine wîle biz in die naht. dô sprach Wolfdietrich, der werde fürste geslaht. abcd schaffen einen Cäsurreim: si sâzen zuo dem fiure ein kleine wîle der naht. dô sprach der fürste gehiure, Wolfdietrich der geslaht.*

304 ist in *efg* nur die zweite Zeile verändert: *lât mich noch hinaht wachen, des gelustet mich vil sêr*; in *abcd* dagegen ist der Cäsurreime wegen die ganze Strophe stark geändert. In D stand schon *wachen* in der zweiten Zeile und dazu wurde in *abcd* der Reim gesucht

> 'Lât mich iuch hinaht besachen'   sô sprach der fürste hér,
> 'und dise naht wachen,   des gelustet mich vil sêr,
> daz ich iuwer hinaht hüete,   vil lieben ritter min:
> gôt wolte durch sin güete,   daz ez lange möhte sin'.

305, 4 ist in *e* unverändert, in *fg* wenig von B abweichend; 3 lautet *diu hât iuch gesuochet völlenglich* (l. *vollen*) *siben jâr*, während B hat *si ist iu nâch gegangen unz in daz dritte jâr. abcd* geben zu *gesuochet* wieder den Cäsurreim in der vierten Zeile:

> si hât iuch gesuochet   wol sibeu ganziu jâr,
> ze manne se iuwer geruochet,   daz sage ich iu für wâr.

In der Erzählung von der rauhen Else hat D sehr oft Cäsurreime in den Text von B gebracht: 306, 1. 309, 1. 310, 1—311, 3. 313, 1. 315, 1. 316, 1. 3. 318, 1. 319, 1. 323, 1. 330, 3. 334, 3. 336, 1. 339, 1. 345, 1. 349, 1. Aber *abcd* gehen darin noch viel weiter und haben Cäsurreime auch in den folgenden Stellen:

314 ist in *efg* nur in wenigen Worten verändert, s. 518 Holtzmann. In *abcd* dagegen lautet die Strophe:

> Er kund sich niht gefristen,   wan si macht durch den tan (*walt ad*)
> ein strâz mit zouberlisten,   drûf kam der werde man (*der degen balt ad*).
> in snelleclîcher île   lief er vor tage zehant
> des waldes (*weges ad*) zwelf mîlen,   dâ er die rûhen Elsen vant.

317, 1 ist in *efg* = B; die zweite Zeile stimmt in *fg* (*daz ez im gehienc an den brüsten, daz er sich niht versan*) besser zu B als in *e* (*daz sich der edele fürste gar lützel dô versan*). In *abcd* lauten beide Zeilen

> Si nam aber ein zouber   und warf ez ûf den man,
> si brâhte in in ir klouber   daz in (er *c*) slâfen began.

318 ändert D alle Reime von B und hat 1. 2 Cäsurreime, die in *abcd* auch 3. 4 stehen, da 3ᵃ lautet *er lief unsinnic und unwise (: spise)*.

327, 1. 2 lauten in *abcd*

Dô wallt der fürste guote   durch die heidenschaft
mit trûrigem muote.   er hete heldes kraft.

Hier ist 1ᵃ *efg* = B *dô wallet herzog Berhtunc;* 1ᵇ B = D; 2ᵃ *abcd* = B *(efg mit grôzem ungemüete);* 2ᵇ *abcd = efg* (B *libes hête er wol die kraft).*

328, 1—330, 2 werden in *abcd* alle Cäsuren gereimt

328   Er fuor wider über mer   und streich gên Kunstnopel dan.
dô vant er sine süne hêr   an einer zinnen stân.
si liefen im engegen   und bâten in verjehen,
ob er den küenen degen   iendert hete gesehen.

329   'Nein ich' sprach der alte   'ich vorhte, er si tôt'.
daz klagen wart manicvalte   umb ir hêrren nôt:
'wie haben wir verlorn   unsern trôst und unser êr,
suln wir den hôchgeborn   gesehen nimmer mêr'.

330   Dannoch lief Wolfdietriche,   seit uns diz buoch für wâr,
ze walde törliche   wol ein halbez jâr.

In *efg* (535. 536. 544, 1. 2 Holtzmann) stimmen diese Zeilen genauer zu B; nur in den beiden letzten Zeilen haben *abcd* den Reim von B, der in *efg* geändert ist *man: tan.*

335, 1. 2 lauten in *abcd*

Si nam in bî der hende   und hiez in in ein schif (zu einem nachen *a*) gân.
den fürsten ellende   fuort si über des meres strân (über mer hindan *c*).

In *efg* ist die erste Zeile fast ebenso wie hier, die zweite dagegen stimmt wörtlich zu B.

336, 4 wird nach *frouwe* zugesetzt *bald* und damit der Reim auf *kalt* gewonnen.

341 weicht in *efg* wenig ab von B; in *abcd* lautet die Strophe mit der Anrede *ir*, während *Befg du* haben:

Welt ir mine liste erkennen (*l.* erkunnen)   und also schœne wesen,
sô springet in den brunnen,   sô sît ir ouch genesen,
als ir wâret sicherliche   vor etelichem jâr,
schœne und minnicliche,   daz sage ich iu für wâr.

344, 1 ist in D verändert *er sprach 'frou Sigeminne, edeliu künigin;* 2 lautet in *efg* wie in B, nur dass *willen* statt *muoter* steht; *abcd* suchen den Cäsurreim auf *Sigeminne* und ändern deshalb *vertigen mich von hinnen, als liep i̯u müge gesin.*

346, 3. 4 sind in *efg* fast gleich B; dagegen setzen *abcd*

nu dunk ich mich sô biderbe,   ich si nu wol ein man,
des wil ich in umb ein erbe   vor einer veste bestân.

348, 1 hat *f* die geringste Änderung von B: *welt ir niht erwinden, ich hilfe iu zuo der nôt.* In *e* steht *welt ir denn, ich stiure sicherlichen zuo der nôt*, aber gemeint ist wohl: *welt ir denn niht erwinden, ich stiure iuch zuo der nôt.* Die zweite Zeile ist in D gleich B, *abcd* geben dazu den Cäsurreim in 1: *welt ir sin niht vermiden, ich vertege iuch zuo der nôt.*

Ich kehre zurück zur Betrachtung der Strophen, in denen *abcd* den Text B nicht immer des Cäsurreimes wegen verändern.

333, 3. 4 ist in *efg* wie in B, nur 3ᵇ lautet *daz geloubet mir vil eben*, um den Reim *degen: leben* B zu beseitigen. *abcd* ändern viel mehr:

ich hân mich sin unberâten,   iu enwerde der touf gegeben,
ob ich mit iu vliesen welle   min vil werdez leben.

356, 4 steht in *efg* wie in B *ein zage*, in *abcd* *ein snœder man.*

361, 4 haben *Befg dô gienc er zuo der (unter die efg) linden,* abcd dagegen: *dô gienc er für die porte.*

363 ist in *efg* 591 fast unverändert erhalten. abcd geben ganz abweichend, auch metrisch schlecht

'Nein, ûf mîn triuwe,   ir wert sîn nicht erlân
umb iuwer heimsuochen,   daz ir mir habt getân,
daz ir iuch undr mîn linde   sô gewalteclîch hât geleit,
des wil ich nicht erwinden,   der ein kum sîn in arbeit.

366, 1 *efg* stimmt wörtlich zu B, in 2 dagegen weichen *abcdefg* von B ab. *efg* stellen hier also den Text von D dar, den *abcd* in der ersten Zeile änderte, um den Cäsurreim zu gewinnen: *si luogte tugentliche (Wolfdietriche), wer dem andern sigte an.*

372, 1 ist in D geändert, denn *efg* und *abcd* weichen gleichmässig von B ab; *abcd* geht der Cäsurreime wegen weiter ab von B, als *efg* 594:

Daz swert nam er ze [beiden] henden   der fürste lobesam,
sîn zorn wolt er volenden   und lief den keiser an.
er gap im über daz houbet   ein ungefüegen slac,
daz er in betoubet,   und underm schilte gelac.

400 behalten *efg* den Reim von B *versagen: haben* und lassen auch 4 fast unverändert. *abcd* dagegen beseitigen jenen Reim und geben der Strophe folgende Fassung

'Gerne' sprach der keiser,   'du bist mir gote wilkomen.
wannen verstu, wallære?   daz hete ich gerne vernomen.
wær du iht zer alten Troye,   sô tuo mir bekant,
wie mac des landes hêrre?   ist Wolfdietrich genant.'

410, 1. 2 ist in *efg* mit B übereinstimmend. *abcd* führen den Cäsurreim ein:

Dô sprach der unverzeit   Wolf her Dieterich
'ich klagen dir mîn leit,   edeler keiser rich.

411, 3 ist die erste Halbzeile in D gleichmässig abweichend von B: *in alse grôzem leide;* in der zweiten stellen *efg* nur die Worte von B um: *mir wær wæger vil der tôt,* während *abcd* ändern *ich wær ê lieber tôt.*

414. 415 sind in *efg* wörtlich erhalten, nur 414, 3. 4 ist die directe Rede gesetzt. *abcd* ändern beide Strophen und geben der zweiten Cäsurreime:

414 Dô wolten die reinen   mit einander dan.
'mich riwet daz ich die sinne   gegen iu ie gewan,
daz ich von iu ie gescîte   Otnît mînem man:
ich vorhte daz ich lange   âne in müeze stân.'
415 'Swîget, frouwe reine'   sprach Wolfdietrich,
'ich wil suochen eine   die küniginne rich.
gebet mir iuwern segen,   lâzt mich mit hulden varn:
got müeze iuwer pflegen   und müeze mich bewarn.'

422, 4 ist in *efg* nur soweit geändert als es 3ᵇ *und sprich zem werden man* nöthig macht. In *abcd* dagegen heisst die vierte Zeile *er sulle wider heim zer keiserinne gân.*

423, 2ᵇ ist in *efg* gleich B, 3 ist wenig verändert: *holz und heide streich er vierzehen tage;* in *abcd* lauten 2ᵇ. 3 *der streich er nâch in den tan (nâch hindan c), walt und ungeverte vierzehen tage.*

424, 3. 4 bewahren *efg* den Reim von B *began: man* und ändern auch die Worte nur unbedeutend. Dagegen geben *abcd*

unz dem fürsten riche   nâch sîn kraft verswant;
er kam in einen walt   under eines steines want.

In der Erzählung von Wolfdietrichs Kampf mit Drasian und von der Befreiung der Sigeminne haben *abcd* wieder vielfach Cäsurreime, wie oben bei der Darstellung von der rauhen Else schon bemerkt worden ist. Ich gebe der Kürze wegen nicht den Wortlaut dieser Strophen, sondern begnüge mich die Stellen aufzuzählen: 427, 1. 429, 1. 430, 1. 3. 433, 1. 435, 1. 439, 1. 440, 1. 445, 1. 447, 1. 451, 1. 460, 3. 465, 1. 468, 1. Ausserdem ist in demselben Stück auch die Veränderung des Endreimes von *Befg* in *abcd* besonders häufig: 431, 1. 444, 3. 460, 3. 480, 1. 489, 3. 495, 1.

428, 1. 2 ist in *efg* fast gleich B
Dô gienc für die porten   der alte Drasiân.
er vant den wallære,   er hiez in ûf stân.
Dagegen heisst es in *abcd*
Daz geloubte er der frouwen (das gelobet die reine *z* 264, 19),   von
    dan schiet Drasiân,
dâ er lac ûf dem steine.   er hiez in ûf stân.

441, 1. 2 lauten in *efg*, indem nur die zweite Zeile von B verändert wird
Dô sprach diu küniginne   'lieber hêrre mîn,
tuot ez durch mînen willen,   lât iuwern zorn sin.
Dafür geben *abcd*
Dô bat in mit weinden ougen   diu edele künigin
an den selben stunden   'nein, lieber hêrre mîn.
Dass in den beiden letzten Zeilen der Strophe D den Reim *phlegen: leben* B zu *geben: leben* verändert, ist schon oben S. 7 angeführt.

448, 3. 4 lassen *efg* Wolldietrich beim sechsten Male, nicht wie B, beim vierten Male fallen. Sonst sind die beiden Zeilen unverändert und entsprechen der früheren Beschreibung von Wolfdietrichs Kampf mit Ortnit. *abcd* dagegen setzen hier
Wolfdietrich sluoc den risen   drîstunt ûf daz lant:
ze jungest muos er ouch vallen   von Drasiânes hant.

454, 1. 2 ist in *efg* fast gleich B; in *abcd* aber wird Fromuot mit aufgenommen:
'Si hânt mir und Frômuot   vil ze leide getân'.
'daz müezen si erarnen'   sô sprach der werde man.

467, 3. 4 ist in *efg* wenig geändert
solte ich dich ze Garten   als schiere verlorn hân,
daz überwunde ich nimmer (so geschiht mir niht gar liep *f*) . sprach
    der küene man.
viel mehr dagegen in *abcd*
solte ich dich ze Garten   balde von mir gân lân,
daz riuwet mich vil sêre,   ûz erwelter man.

470, 1. 2 erzählen *efg* wie B, dass Wolfdietrich von Ortnit und Liebgart Abschied nimmt; *abcd* dagegen sagen, ungeschickt den Kaiser vergessend
Dô fuor Wolfdietrich   mit siner frouwen dan.
urloup nam er zer menige   und zer frouwen (keiserin *c*) wol getân.

476, 1—3 haben *efg* einen unregelmässigen Reim, der in B nicht steht, sonst aber nur geringe Abweichungen von B
Do begunde man dem keiser   disiu mære sagen,
wie im die würme tæten   græzlichen schaden
an manegem werden ritter,   an frouwen und an man.
In *abcd* wird die erste Zeile geändert, um den regelmässigen Reim herzustellen, und auch sonst ist die Abweichung von B grösser

Tiere und liute wâren   mit in überladen.
dô klagte man dem keiser   disen grôzen schaden,
daz (*l.* den) im die würme frumten   an mâgen unde an man.

488, 1. 2 setzen *efg* nur *der rise Velle* statt *der ungefüege*, sonst ist B erhalten.
Dagegen ändern *abcd*
Wie hâst du mich erwecket,   du kleinez wihtelin!
zwâre dîn her komen (din horn kune *c*, du herre kune es *a*)   muoz
dîn ende sin.

517, 1. 2 sind in *efg* unverändert; dass 1^b *der keiser lobesam* statt *der tugent-hafte man* B steht, kommt nicht in Betracht. *abcd* wollen noch ausdrücklich ver-sichern dass der Kaiser den Zauber der Linde nicht kennt:
Des enwiste niht der keiser.   do erbeizte der küene man;
dô er kom zuo der linden,   sêr släfen in began.

527, 1 stimmen *efg* zu B, nur steht *der wurm wilde*. In *abcd* lautet die Zeile
alsô der wurm dem helfant hete gesiget an.

Weit geringer an Zahl und Bedeutung sind die Stellen, in denen das erste Schema sich erkennen lässt, dass *abcd* dem Texte B näher stehen als *efg*.

3, 2 haben *Babcd Kriechen lande, efg Kriechen riche.*

6, 1^b *du solt mich geniezen kin Babcd* scheint wegen der freieren Construction von *geniezen* in *efg* geändert zu sein. Aber die Worte, die hier dem sterbenden König Antzius in den Mund gelegt werden *du solt mich niht enlân*, sind sehr unpassend.

10, 1. 22, 1 *sô stät mir der muot Babcd; efg* setzen *hüget* für *stät.*

38, 3 *schiere Babcd, schône efg.*

170, 2 steht in B *do erbeiztens von den rossen,* in *abcd si erbeizten von den rossen.* In *efg* lautet die Halbzeile *si wurden wol enpfangen.* Ebenso ist das Ver-hältniss der Handschriften 218, 2, nur dass *abcd stuonden* statt *erbeizten* lesen.

182, 1 *tiure Babcd, hôhe e, sêre f.*

266, 3 *er wart in sîner jugende biderbe unde guot Babcd; er wart an allen sachen biderbe unde guot efg.*

297, 1 *ob im stuont einer (ein degen B) Babcd; über in lief (kam f) einer efg.*

374, 2 *daz ir mir habt verderbet minen lieben man* sagt Liebgart zu Wolf-dietrich in B. Die Handschriften von D wollen den Ausdruck genauer machen, *abcd* setzen *daz ir mir welt verderben,* und *efg* für das letzte Wort *ermorden,* was unpassend ist.

378, 1. 2 stehen in *abcd* dem Text von B etwas näher als in *efg*. Die Zeilen lauten in *abcd*
Dô sprach von wilden Kriechen   der hêrre Wolfdietrich
'nein si, ûf mîn triuwe,   dem gebârt si ungelîch (niht gelich *c*)'.
dagegen in *efg*
'Nein si, ûf mîn triuwe'   sprach Wolfdietrich,
'dem gebârt diu schœne frouwe   wærlich (doch *e*) ungelîch'.

421, 3. 4 sind in *abcd* wenig verändert
unz daz er entslief,   dô huop er sich von dan:
dô liez er sînen gesellen   einic dâ bestân.
efg ändern die erste Zeile mehr
dô stal sich Wolfdietrich   von im hin dan:
er liez sînen gesellen   bî dem waldner bestân (und stuont zu dem
weldner stân *e*).

426, 3 dô schowet si über den walt   gên dem brunnen dan B.
si schowet gegen dem walde   dô den brunnen an *abcd*.
daz tet si allen morgen   und schouwet in den tan *efg*.

428, 3 haben *abcd* wie B *mit gemache, efg* dagegen *mit liebe.* Denn *efg* geben in der folgenden Zeile *ich liez dich guotes gemaches noch hinaht bi mir genesen*, wo *abcd* näher zu B stimmend lesen *guoter wirtschaft (herbergen a).*

432, 3. 4 ist in D der Reim von B *sin: din* geändert. Die dritte Zeile ist in *abcd* und *efg* fast gleich *dô sprach der alte Drasiän 'waz spehestu, müeder man?'* in der vierten aber stimmen *abcd* dem Inhalt nach näher zu B: *du möhtest des siures frô sin, dô bi ich dich sitzen kin.* In *efg* heisst es hier: *wiste ich an dir keinen valsch, du müestest wider hin ûz gân.*

436, 3 stimmen *abcd dô dranc ze tische manec wunneclicher twerc* genauer zu B *dô dranc für den tisch manec kluogez twerc* als *efg dô rihten die tische diu wilden getwerc.*

438, 1 geben *abcd* einen überladenen Vers *Einen sezzel truoc man ze tische, dar ûf sô saz der werde man,* der aber etwas genauer zu B stimmt als *efg dô sazt man zuo dem tische den höchgelopten (ûz erwelten f) man.* In der zweiten Zeile stimmen *abcd* zu B (nur *mit ougen* statt *vil dicke* B), *efg* aber geben die Lesart der Handschrift H: *dô blict in diu küniginne dicke mit ougen an.* Der Unterschied ist übrigens sehr geringfügig.

440, 4 setzt *e* statt *betrüebt Babcd: gemacht weinen,* wodurch der Vers überladen wird. *fg* zerdehnen den Vers zu dreien
du hâst betrüebet   die frouwen wol getân.
daz si vor mir weinet,   diu edele künigin,
daz wizze sicherliche,   ez muoz din ende sin.

450, 2 haben *abcd* wie B *dô rief er unsern herren flizlichen (in sinem herzen B) an. efg* setzen dafür die Jungfrau Maria: *dô rief Wolfdietrich (er in sinem herzen f, der Lesart von B entsprechend) unser frouwen an.*

451, 1 *efg* = B, während *abcd* mit Cäsurreim setzen *er spranc ûf snellicliche über ir aller danc.* Die zweite Zeile dagegen stimmt in *abcd* genauer zu B: *sin swert schutt Wolfdietriche daz ez lûte erklanc,* während *efg* haben: *er lief an den risen, diu wile was niht lanc.*

473, 3. 4 stimmen in *abcd* genau zu B, nur *unde* 4 fehlt. *efg* lesen
im het gesendet sin sweber in daz lant   zwên würme freissam
und ein grôzez wip   und einen ungefüegen man.
Die Veränderungen sind aber unbedeutend: wie es in späten Handschriften häufig begegnet, hat *e* das Plusquamperfectum statt des Imperfectums gesetzt[*]) und *f* hat dann durch Weglassung der Worte *in daz lant* den Vers glätten wollen. Im vierten Verse vertauschen *efg* nur die Stelle der beiden Adjectiva.

496, 1 ist *abcd* = B, während *efg* lesen *sin bracke in dem walde gelfen dô began.* In der zweiten Zeile dagegen stimmen *efg* zu B, während *abcd* abweichen: *den schal erhörte Rütze, sêre loufen si began a, von dem schalle den si hatte (l. hörte), Runze lief hin dan c.*

Es ergiebt sich aus den besprochenen Stellen deutlich dass *abcd* bei weitem willkürlicher mit der Vorlage B verfahren als *efg.* Die zuletzt angeführten Strophen, in denen das entgegengesetzte Verhältniss stattfindet, sind der Zahl nach geringer, und es handelt sich bei einigen nur um unbedeutende Differenzen. 451, 1 und 496, 2 gehören unter die Belege für das zweite Schema, ich habe sie aber bei dem ersten erwähnt, da hierher 451, 2 und 496, 1 gehören und ich die Halbstrophen nicht auseinander reissen wollte. — Vergessen darf auch der Umstand nicht werden, dass bisweilen durch Zufall eine oder mehrere Handschriften der einen Klasse zu B stimmen, während die übrigen die Lesart der andern Klasse

---

[*]) vgl. 508, 1 wo die Handschriften von B *het troffen* lesen, während D das richtige *traf* giebt, das für den Vers nothwendig ist.

von D geben. So stimmt *e* allein 163, 3 ziemlich genau zu B: *biz daz man daz kindelin an den wolven rach*, und auch *y* hat ähnlichen Inhalt; *abcdfg* dagegen geben *biz daz man die wolve rehte dâ (man daz kleine kint bch)* ersach. — 180, 4 sag mir *durch al din tugent B, durch din beste tugent abcdy, durch din beste güete ef.* — 364, 2 giebt *e* wörtlich den Text von B, während alle andern Handschriften von D ändern *sô kan uns nieman [ge]scheiden, sit ir mich welt bestân (mich niht welt erlân fg)*. Ebenso ist 381, 1 *B* in *e* erhalten (nur *si giengen e* für *dâ giengens B*), während *abcdfg* lesen *bi (den) handen si sich viengen und giengen in die bure hin und dan (si kâmen ûf die bure gegin abcd)*. Umgekehrt ändert *e* allein 368, 1 den Text BD *daz wære ein zageheit* zu: *daz wær mir harte leit.* — Endlich bleiben noch die wenigen Stellen übrig, wo die beiden Klassen *abcd* und *efy* in verschiedener Weise den Text B verändern. Offenbar muss hier auch die unmittelbare Vorlage der beiden Klassen, D, geändert haben; ob aber *abcd* oder *efg* uns hier den ursprünglichen Text von D bewahrt, ist in jedem einzelnen Falle kaum sicher zu entscheiden. Denn immer lässt sich erkennen, aus welchem Grunde eine Klasse den Text der Vorlage D geändert hat.

In B schliesst sich unmittelbar an die Erzählung von Ortnits Tod das Abenteuer Wolfdietrichs auf Falkenis; ganz kurz wird 531—533 seine Pilgerfahrt zum heiligen Grabe erwähnt. In D sind nicht nur Wolfdietrichs Abenteuer im heiligen Lande weitläufig ausgeführt, sondern vorher wird noch sein Kampf mit den zwölf Räubern und sein Empfang auf Grimiure erzählt: in meiner Ausgabe Nr. V, bei Holtzmann Str. 840—1059.

Wolfdietrich nimmt das Kreuz und will nach Jerusalem gehen. Nach der ersten Tagereise findet er in einem Walde zwölf heidnische Räuber, die ihren Göttern danken für den gehofften Fang: '*uns wil beröten Machmet und Terviän, und dar zuo Apolle, Medelbolt und Jupiter*' 842, 2. Sie vertheilen im Voraus unter sich sein Ross und seine Rüstung. Wolfdietrich hat ihre Reden gehört und erschlägt zuerst ihren Anführer, Rumelbor, darnach die andern eilf und spottet, dass sie so alle gleichen Theil erhalten hätten, wie vor dem Kampfe der zwölfte Räuber von seinen Genossen verlangt hatte. — Darauf kommt der Held nach Grimiure (Strassenmûre *y*), wo er von dem Burggrafen Ernst freundlich empfangen wird. Auch die Gemahlin des Grafen und seine Tochter Trutlint erweisen ihm Ehre und bitten ihn zu bleiben; doch er scheidet nach kurzem Aufenthalt und reitet durch Ungarn und Österreich nach Baiern, von dort durch die Lombardei und Toscana nach Apulien. Hier steigt er in Messefride (weffrindn *a*, weffendun *b*, mefridum *b*, mefrid *c*, meffrit *z*, müssenburg *y*, doch wohl Manfredonia?) zu Schiffe, um nach Palästina zu fahren. Als er, vom Sturm verschlagen, landet und sich von dem Schiffe entfernt, wird sein Schiffer von einem heidnischen Riesen geraubt und gebraten. Wolfdietrich kommt zu der Hütte des Riesen, der oben mit dem Braten beschäftigt ist und auch ihn verspeisen will. Der Held schlägt dem kolbentragenden Riesen beide Hände ab und tödtet ihn nach hartem Kampfe. Dann fährt er mit seinem Knaben weiter. Siebenzig heidnische Seeräuber greifen sein Schiff mit griechischem Feuer an (*mit dem wilden fiure schuzzen si gegen dem man* 922, 1), so dass Wolfdietrichs Schild anfängt zu brennen. Der Held giebt dem Knaben einen Ring zum Schutze, springt auf das feindliche Schiff und besiegt mit dem Schwerte, das ihm Berchtung gegeben hat, alle Heiden. Nur einer von den Saracenen, Gero, wird von Wolfdietrich getauft und Wernher genannt. Nach drei Tagen kommt Wolfdietrich mit seinen beiden Begleitern nach Ackers zum deutschen Hause, wo sie mit Ehren empfangen werden. Der Meister des deutschen Ordens (*des hûses houbetman, der hômeister ûs prussen y* 946, 2) erzählt Wolfdietrich, dass die Christen von den Heiden hart bedrängt werden und eilfhundert der tapfersten Brüder im Kampf verloren haben; das Anerbieten des Holdon, ihnen zu helfen, nimmt er mit Dank an. Nach einem köstlichen Mahl, das die Ritter bis tief in die Nacht vereinigt, begiebt man sich zur Ruhe. Am andern Morgen beginnt der Kampf, in dem Wolfdietrich mit Wernher und vierzig Brüdern den Sieg über das ungeheuere Heer der Saracenen erringt. In der Beschreibung des Kampfes nennt sich auch der bescheidene Dichter als *Wolfram der werde meister von Eschelbach* 969, 3.

In sieben Tagereisen zieht Wolfdietrich weiter nach Jerusalem, das von den Saracenen belagert wird. Die Heiden bemerken die Ankömmlinge und da sich Wolfdietrich als einen Christen zu erkennen giebt, so wird er sogleich angegriffen. Er hat seinen Knaben unter einem Baume zurückgelassen, muss aber sehen, wie Tierolt dorthin reitet und den wehrlosen erschlägt. Wolfdietrich und Wernher rächen diesen Mord, indem sie Delfian, den Schwestersohn des Königs Merzian, und viele andere Heiden erschlagen; am Abend ziehen sie sich in einen Wald zurück. Als Merzian von dem unglücklichen Kampfe hört, sendet er 2000 Krieger unter Treferis gegen die beiden Christen aus. Treferis schlägt mit seinem Schwerte Boierland Wolfdietrich zu Boden, wird aber von Wernher getödtet. Als Wolfdietrich wieder zu sich gekommen ist, kämpft er mit Wernher bis zum Abend gegen die Heiden; dann verbergen sie sich beide wieder in dem Walde. Am andern Morgen neuer Streit, in dem Wernher erschlagen wird. Wolfdietrich kommt bei der Verfolgung der Feinde bis zu ihrem Zeltlager, wo er von Schudig, dem Bruder des Königs, so bedrängt wird dass sein Ross in den Zeltschnüren zu Falle kommt. Jetzt wird der Ritter von den Heiden gebunden und vor Merzian geführt, der ihn henken lassen will. Doch während der König zu Tische geht, löst ein heidnischer Ritter Wolfdietrichs Bande und giebt ihm Waffen und ein Ross zur Flucht. Ein Christ auf der Zinne von Jerusalem bemerkt den Helden und 500 Ritter machen einen Ausfall zu seiner Rettung. Merzian ist mit seiner ganzen Macht gekommen, wird aber nach heftigem Kampf geschlagen und entrinnt mit wenigen Begleitern in das Land Martifel. Nachdem Wernher und die andern gefallenen Christen begraben sind, kehrt man in die Stadt zurück. Wolfdietrich wird gebeten zu bleiben, doch er scheidet, nachdem er am heiligen Grabe gebetet und geopfert hat, am nächsten Morgen von Jerusalem.

Die Erzählung von der Kreuzfahrt ist für die Zeitbestimmung des Gedichtes wichtig. Gervinus, Gesch. der d. Dichtung 2, 79 wollte in den Kämpfen der deutschen Ritter zu Ptolemais die Situation des Jahres 1271 erkennen; Holtzmann S. LXXXVI sagt, weil Jerusalem noch im Besitz der Christen sei, müsse man 'die Abfassung dieser letzten Erweiterungen der Dichtung spätestens in die vierziger Jahre des 13. Jahrhunderts setzen', und S. C lässt er das Gedicht um 1230 entstanden sein. Wenn die Kreuzfahrt, wie es wahrscheinlich ist, aus dem Wolfdietrich C stammt, so ist es klar dass uns die Erwähnung der christlichen Herrschaft in Jerusalem eine Zeitbestimmung für C giebt, nicht für D. Denn aus der Vorlage C konnte D auch lange nach dem Jahre 1244 die christliche Herrschaft in Jerusalem beibehalten. Dasselbe Verhältnis zur Vorlage habe ich für das Gedicht von Herzog Ernst, das in das Ende des 13. Jahrhunderts gehört, in Haupts Zeitschrift 15, 157 nachgewiesen. Auch für C ist das Jahr 1244 nicht zu urgieren, wenn nämlich Meffrit oder Messefrid schon in C stand und nicht erst in D zugesetzt wurde. Damit würde das Gedicht C in das folgende Jahrzehnt gerückt. Dass auch D in die funfziger Jahre zu setzen sei, würde sich ergeben aus der Erwähnung von Elsentroye und Wernher von Wernhersmarke in der Rabenschlacht und Dietrichs Flucht; aber es ist nicht sicher zu bestimmen, ob der Dichter diese Namen aus D entlehnte, oder aus B und C. Mehr Wahrscheinlichkeit hat die erste Annahme.

An die Kreuzfahrt schliesst sich in D Wolfdietrichs Abenteuer auf Falkenis, das auch in B enthalten ist. In diesem wie in den folgenden Stücken lassen sich die Handschriften von D nur an einigen Stellen mit B vergleichen, da wir von B hier nur einen Auszug haben, s. Deutsches Heldenbuch 3, LXVII f.

1060, 4 geben *abcd* fast wörtlich wie B 534, 4 *an dem vierzehenden äbent* (*zwelften morgen kom er B*) *für Büden üf den plän*, während *efg* unbestimmt sagen *eine burc sô schœne wart er sihtic an*. In der vorhergehenden Zeile haben beide Klassen die Angabe, die in B fehlt, *biz er zen wilden Riuzen in die gegene kam*.

1078. 1079, nur in *abcd*, entsprechen B 541, 3 — 544, 2, besonders in den beiden ersten Zeilen. In B fordert jedoch Marpaly ihren Vater auf, Wolfdietrich freundlich zu empfangen, in *abcd* umgekehrt Belian die Tochter, und er verräth dabei seine wahre Absicht.

B 590—599 finden sich in D 1191—1204 wieder; in den folgenden Strophen stimmt D nur in einzelnen Zeilen zu B. Die Stellen, in denen hier *abcd* von *Befg* abweichen, sind folgende:

591, 4 lesen *Befg* so *berät mir got ze* (*berät got zuo den wilden efg*) *Kriechen min einlif dienstman* mit der häufig im Gedicht angewandten Formel. Dagegen steht in *abcd daz riwet mich niht sô sêre als min einlif dienstman*, vgl. B 859, 4.

B 594 fehlt in *abcd*, stimmt in *efg* bis auf eine geringe Abweichung in der vierten Zeile zu B. In *abcd* werden, da 594 fehlt, auch 595, 1. 2 die in *efg* wörtlich zu B stimmen, folgendermassen geändert:

> dô sprach der übele heiden 'sihstu diu houbter stân (an *a*)
> dort an jenen zinnen, die ich alle verderbet hân?'

597, 1 haben *Befg* 'ich weiz keinen sô küenen' sprach der heidenische man, dagegen *abcd* 'ich enweiz' sprach der heiden 'keinen sô küenen man'.

616, 1. 2 (D 1223, 1. 2) führen *abcd* Cäsurreime ein, *der heiden sprach an den stunden: unden*; ebenso 620, 1. 2 (D 1228, 1. 2) 'bistu Wolfdietriche' sprach der heidenische man, 'sô tuo bescheidenliche. du solt mich leben lân'.

Dagegen stimmen *abcd* zu B gegen *efg*:

590, 3 ist wörtlich gleich 1191, 3 *abcd*, in der vierten Zeile aber ist die Formel von B *ich gibe dir des min triuwe, ez muoz dir an daz leben gân* geändert: *sô muoz dir geschehen, als dir dir gesaget hân a*, *sô muost du din houbet verlorn hân c*. In *efg* sind beide Zeilen und auch der Reim verändert:

> und rûcrestu die erden, (merk waz ich dir geseit habe)
> also grôz als umbe ein hâr, dir muoz daz houbt her abe.

593, 4 = D 1194, 4 ist nicht hierher zu rechnen, denn *e* allein weicht von der B und D gemeinsamen Lesart ab.

594, 4 ist wörtlich in *abcd* 1196, 4 erhalten. *efg* lesen *dô muoz üf min triuwe din werdez houbet in* mit unerträglicher Wiederholung, denn *üf die triuwe min* steht schon in der vorhergehenden Zeile. Holtzmann hat daran keinen Anstoss genommen.

596, 3 = D 1201, 3 *abcd sprach der degen guot*. *efg* lesen *daz dunket mich vil guot*.

598, 1. 2 = D 1203, 1. 2 *abcd*, nur *ze eigen* D statt *für eigen* B. *efg* ändern auch den Reim:

> bistu ez der selbe, daz soltu mich wizzen lân,
> ich wil mich durch dînen willen gerne toufen lân.

599, 1 ist in D 1204, 1 *abcd dô sprungen si zen stüelen, die üz erwelten degen* fast nicht geändert: in B fehlt *si* und das Epitheton ist *unverzagten*. *efg* lesen *dô spranc üf den stuol der üz erwelte degen*.

Nach einer Reihe von Abenteuern Strophe 1305—1537 folgt in D der Kampf Wolfdietrichs mit dem Drachen, der sich in B unmittelbar an das Abenteuer auf Falkenis anschliesst. Hier ist zunächst D 1583 f. mit A 551 f. zu vergleichen. Der Compilator von D hat diese Strophen ebenso wie der Fortsetzer von A aus B genommen; vgl. für A den Nachweis von Amelung DHB 3, XLVI f. Dass sich diese Strophen in unserem Text nicht finden, ist mit ein Beweis für meine Ansicht, dass wir in B III—VI nur einen Auszug des ursprünglichen Gedichtes besitzen. In B III stimmten, wie wir gesehen, noch mehrere Strophen zu D, und die Verkürzung, die in B IV und VI allenthalben wahrnehmbar ist, tritt nur am Eingang und am Schlusse deutlich hervor: s. DHB 3, LXVII.

Die Vergleichung des Textes A mit den beiden Klassen von D ergiebt ziemlich wenig. 1583, 1ᵃ stimmen *abcd urloubes er dó gerte* genauer zu A 551, 1 *urloup gerte er dannen* als die Lesart von *efg er gienc ze sînem rosse*, die auch wegen der Wiederholung 1584, 3 schlecht ist. Unbedeutend sind die Differenzen in 2ᵃ, wo A giebt *sagt mir*, *ritter edele*, *efg saget*, *lieber hérre* und *abcd* mit Cäsurreim *nu saget*, *ritter werde*. Ebenso in 3ᵃ: *durch iuwer tugende willen A*, *durch aller ritter tugent abcd*, *durch aller frouwen ére efg*. — 1584, 1 stimmen *efg: er sprach 'vil schœniu frouwe, daz mac niht wesen* genauer zu A 522, 1 *er sprach 'küniginne des mac niht wesen* als *abcd*, die den Cäsurreim auf *walde* suchen: *des (do c) antwurte er ir balde 'daz mac niht (ge)wesen*. — 1592, 2 stehen *abcd si het sich verloufen von im in den tan* dem Verse von A 566, 2 *si het sich verloufen von den liuten in den tan* etwas näher als *efg: si het sich von im verloufen in den vinstern tan*.

Die übrigen Verse dieses Abschnittes, ebenso D 1618—1623, wo einiges zu A 600—603 stimmt, zeigen keine erheblichen Unterschiede der beiden Handschriftenklassen von D, sondern gleichmässig stimmen alle Handschriften von D entweder mit dem Text A überein oder weichen davon ab.

Auch mit B 663—690 lassen sich noch einzelne Verse von D 1612—1650 vergleichen. B 665, 1=D 1615, 1 lesen *Befg der wurm was niht dá heime*, dagegen *abcd: die würm wären niht dá heime*. Nach 1623 haben *abcd* sechs Strophen, die in *efg* fehlen. Von diesen stimmen drei (1626—1628) fast wörtlich zu B 673—675. Dieser Umstand ist darum wichtig, weil er dasselbe beweist, was schon oben an der Umarbeitung von B I. II dargethan ist: wenn auch die Mehrzahl der Strophen, die sich nur in *abcd* finden, unechte Zusätze sind, so haben doch zuweilen *efg* echte Strophen weggelassen, die uns in *abcd* bewahrt sind.

Es ist noch übrig, das Verhältniss der beiden Handschriftenklassen von D zu dem Texte C festzustellen. Ich gebe zunächst die Bruchstücke von C mit Ausnahme des letzten Blattes, das ich mit VIII bezeichne. Der Prolog Nr. I ist nicht in C, sondern in D überliefert. Die Stücke aus C in II und III sind theils in den Blättern der hiesigen königlichen Bibliothek (ms. germ. fol. 844) erhalten, theils in den Blättern, die Bethmann in Wolfenbüttel gefunden hat. Für diesen neuen Fund, der hier zum ersten Male veröffentlicht wird, habe ich die Abschriften W. Scherers benutzt, für die Berliner Blätter nicht v. d. Hagens Abdruck Heldenbuch 1, 163 f., der an ein paar Stellen fehlerhaft ist, sondern das Original.

I.

1 Hie müget ir gerne hœren   singen unde sagen
  von kluoger âventiure,   sô müezet ir gedagen.
  ez wart ein buoch funden,   daz sage ich iu für wâr,
  ze Tagemunt in dem klôster.   dâ lac ez manic jâr.
2 Sît wart ez gesendet   ûf in Beier lant,
  dem bischove von Eichstet   wart daz buoch bekant.
  er kurzte im drabe die wîle   wol sibenzehen jâr:
  dâ vant er âventiure,   daz sage ich iu für wâr.

1, 1. 2 *fehlen z*   1 Ir mögent geru *a*   4 tagunde *a*, tagmunden *z*, dageminde *c*, dagmutt *f*
2, 1 vff durch *c*, in der *a*   2 so *f*, einstcten *c*, einstat *a*, einstett *c*   3 sine wile dar über
wol subentzig ior *a*   4 cr dar ynn *c*

3 Alsô verdrôz den fürsten, daz buoch er überlas.
manec seltsæne wunder dar an geschriben was.
er kurzte im drabe die wile, unz er sin ende nam.
dar nâch über zehen jâr dô vant ez sin cappellân.

4 Dô er daz buoch überlas, an den arm er ez genam,
er truoc ez in daz klôster für die frouwen wol getân
daz ze sant Walburc ze Eichstete stât.
merkt von dem guoten buoche wie ez sich zerspreitet hât.

5 Diu eptissin was schœne, alsô uns ist gesaget.
si sach daz buoch gerne, wan ez ir wol behaget.
si sazt für sich zwên meister, die lêrt siz durch hübscheit:
die funden disen dôn dar zuo, si brâhtenz in die kristenheit.

6 Nâhen unde verre fuoren si in diu lant.
si sungen unde seiten, dâ von wart ez bekant.
die seltsæne âventiure wolten si niht verdagen.
êrst müget ir gerne hœren von einem richen künege sagen.

II.

1 . . . .
. . . .
er zogete nâch den tieren in ein vinster hol.

2 Er enwiste war si quâmen, der degen lobesam:
dô schiet er von dem walde als ein trûric man.
dannoch diu küniginne an der hôhen zinnen lac.
si lac biz an den âbent . . . .

3 . . . . der künic lobesam,
nâch sinem schœnen wibe frâgen er began
und ouch nâch sinem kinde. diu mær wart ime geseit,
dâ von dem künege riche ûf stuont grôz herzeleit.

4 Daz edele hovegesinde wart beswæret gar.
man truoc dô von der zinnen die reinen frouwen klâr.
Trippel der künic edele dructe sin schœnez wip
mit armen kreftieliche vil nâhe an sinen lip.

5 Vor ime lac diu reine als si wære tôt.
ze Athênis ûf der vesten huop sich michel nôt

(5, 3 *bis* 7, 3 *fehlen*)

. . . .
des muoz ich, schœne frouwe, hie immer trûric stân'.

8 Der fürste rich und edele froude an sich gewan,
dô Dietlint diu schœne sprechen dô began.
er sprach 'ez ist bezzer ein leit danne mêr'.
die fürsten fuorten schiere von dan die küniginne hêr.

---

3 *fehlt ef* 1 also (wanne c) den fürsten verdrosz *ac* lusz *c* 2 manec *fehlt c* dus darynne *c*
3 kurtzete sine wile *a* 4 nach sim dode lassz es *c* 4, 3 daz] do *ae* einsteten *ce*, einstat *a*,
einem stetten *f* stât *fehlt a* 4 nn merkent *a* guoten *fehlt ac* zersperret *a;* zerbreittet *c*, gebreitet *f*
5, 1 äptisse *e* 3 do lert sû es *c*, die lertens *ef*, losent es *a* durch ein (ir *ef*) *cef* 4 dis darzu *b*
die sy dran funden sy *a* daz sie daran funden geschriben daz brachten sie *ef* 6, 1 sy furtent
es *a* 2 sungen vnd seittenz *c* 3 vertagen *f* 4 gerne hœren] hören vor sagen *a* kunige
rich *ef* II 1, 4 einen *C* 2, 4 *weil ein Reim fehlt, ist eine Lücke anzunehmen. Vielleicht stand*
vor der Cäsur 3, 1 ebenfalls abiut was den Schreiber irrte. 3, 3 kinde reyne *C* 4, 1 edele
fehlt C war *C* 2 *das u in frauwin undeutlich* 3 drute *C* 4 nahen an sin *C* 7, 4 frouwe
fehlt C 8, 2 dittlint *C* 4 keyserinne *C wie 9, 2.*

9 Ûf einen palas hôre.   fürsten, frîen, dienstman
  vielen ir ze fůozen,   der frouwen lobesam:
  ritter unde frouwen,   manec wünniclichez wîp
  trôsten ie die guote   und maneger meide lîp.
10 Nu lâzen wir belîben   daz guote buoch alhie
  und hœren ein stolze mære,   wie ez Berhtunge ergie.
  der werde ritter edele   von Kriechen dô entran
  hin ze den wilden Riuzen,   zem künege Gripplân,
11 Wan er kunde werfen . . . .
                     (11, 1ᵇ bis 13, 2* fehlen)
  . . . .   schiezen zuo dem zil
  und dar zuo wîto springen,   biz der werde man
  vil wunderlîche krefte   an sînem lîbe gewan.
14 Gripplân der rîche   wart im dar umbe holt,
  er gap im ros und cleider,   silber unde golt.
  biz zem sibenden jâre   belîp der küene man,
  dô vil der guoten botschaft   von Kriechen rîche quam.
15 Merket, lieben liute,   dem künege Gripplân
  lâzen wir Berhtungen,   den helt lobesam,
  und sagen wie ez ze walde   dem jungen . . . . ergie:
  den hâten ie die wolve   in dem govilde hie.
16 Mit wilder nâtûre   spîstens den degen hie.
  Dietlint sîn muoter   alle tage gie
  an die zinnen hôhe,   si klagte ir ungemach.
  . . . . . . segen von gote . . . .
                     (17. 18 fehlen)
19 Der künec zôch von dem walde,   der junge zôch im nâch
  vil vaste an sînem schalle.   dem künege wart vil gâch;
  hin ûf die wîte   volgt im der junge helt
  biz er sach Athênis,   daz sloz ûz erwelt.
20 Dô er die burc sô schône   gein im glizen sach,
  ûz gar senftem muote   der jung mit zühten sprach
  'ach, rîcher got von himele,   wes ist nu daz lant?'
  daz ez sînes vater wære,   daz was im unbekant.
21 Ein ritter küene und starke   was ûf daz velt gevarn
  mit habechen und mit winden;   des jungen begunde er warn.
  dô er quam sô nâhen   daz er in sihtic wart,
  êrst loft der ritter edele   dô die selben vart.
22 Sîn edele varwe . . . . sô lobesam:
  ie vaster und ie vaster   sach in der ritter an
  . . . .
  . . . .

III.

1 Dô wuohs für si verre   Wolf her Dietrich:
  Berhtunc und sîne süne   wâren sîn fröuden rîch,

9, 3 vnd manich C   10. 2 eine C   Bie iz Bertunge C   4 zu dem C   13,'2 dar zuo
fehlt C   14, 1 im] Bertunge C   3 biz er C   iarin C   4 botschaffte C   15, 1 merkint C
dem] von dem m ist auf der abgeriebenen Stelle nur der erste Strich deutlich   4 hatte C   16, 1 sy
spiseten mit wilder nature den degin aber hie C   2 Dietlint dy reyne syn C   3 hoch C
4 vielleicht zu ergänzen: mauegen segen von gote   tet si ir kinde nâch.   19, 2 kinde C   3 helt]
nach C   4 er] daz kint C   20, 1 glioszin C   21, 1 starck C   2 farn C   4 selbe C
22, 1 eine Zeile, ohne Lücke C   III 1, 1 wol ferre c   hêr nur e   2 wordent a

dô er für sîne bruoder   sô grôze manheit gewan.
er kund sich wol gelieben   gèn frouwen unde man.
2 Man lêrte die drî fürsten   lop reinen frouwen geben,
gote gerne dienen   und êron priesters leben.
der kristenheit geloube   si gelêret wart,
daz schuof ir werder vater   und ouch ir edeliu muoter zart.
3 Man lêrt die jungen fürsten   manic ritterspil:
schirmen unde vehten   und schiezen zuo dem zil,
springen nâch der wîte   und schûten wol den schaft,
ûf seteln rehte sitzen: des wurdens dicke sigehaft.
4 Man lêrt die jungen fürsten   die schilte rehte tragen,
mit scharpfen gêren schiezen   durch halsbere und durch kragen;
swâ man in herten stürmen   gèn vinden solte stân,
ir helme rehte binden   lêrte man die jungen man.
5 Man lêrt si wie si solten   werfen wol den stein
daz si den prîs behielten: ir kraft was niht klein.
einen stein ungefûegen   Wolfdietrich vazzen began,
er warf in für si alle   sehs clâfter dort hin dan.
6 Bouge und Wahsmuot wâren   ze einlif jâren komen,
Wolfdietrich driuzehn jâr alt,   alsô wirz haben vernomen.
dô begundens houwen   helm und schildes rant.
sît wurden si ze ritter,   daz schuof ir ellenthaftiu hant.
7 Ze Kriechen wart gesprochen   ein turnei lobelîch:
daz tet durch sîn sûne   der künec Hugdietrîch.
dâ mit wolt er versuochen   die degen lobesam,
ob ir iegelîcher   heizen möhte ein man.
8 An einer mitwochen   daz gesprochen wart,
diu selbe âventiure   nâch vil hôher art.
dô sach man slege mezzen   die jungen künege rîch:
baz dan ander zwelve   tete ez Wolfdietrîch.
9 Dô nu ir iegelîcher   rittes namen gewan,
dô wart ieglîchem geben   driuhundert dienestman.
Hugdietrîch gap in allen   schœniu marc aldar:
gewant nâch ritters orden   gap in diu küniginne clâr.
10 In dem fünfzehenden jâre,   daz wizzet sicherlîch,
dô widersagt gèn Kriechen   ein heidensch künic rîch.
Hugdietrîche dem hêrren   wart schaden vil getân
von Olfân von Babilonje,   dem heidenischen man.

3 for sinen brudern c do (das f) er so vil der tugende (manhait f) an sich gewan ef 4 so
acf, daz sie im für die andern waren vndertan e 2, 1 fursten man wolte in keine frowen
geben a 2 priester c 3 kristolich c, cristen f 4 liober e ouch und edeliu fehlen cf 3, 1 jungen
ac, dry ef 2 unde fehlt cf 3 schiessen f 4 sattel e vff dem rosse wol sitzen a dicke fehlt a
4, 1 sy wurdent ouch gelert ir ac noch (zu f) rechte ef 2 starcken a gloven c vnd kragen f
3 wie c sollte (sol e) gegend (gen e) den vinden re mit den vinden solt stan f 4 zu rehte ce
5, 1 lerto wie sie zü rechte sölten werffen einen e man soltt werffen den c 3 gar ungefügen a
do began e 4 claftern cef dort fehlt cf 6, 2 was XIII jor alt c, driczehen joren a, trü-
zehener alt e 3 nu wart von im durchhöwen vil manig schiltes ac 4 sy wurdent ritter ge-
schlagen a in acz folgt eine Strophe in den selben joren die fursten hoch genant (gemeitt c) sy ger-
ten ritter spiel an in was wol erkant (zu allem ritterspil worent sy bereitt c) das si ir manheit nie
wolten gelan des sach man si in sturmen vil dicke herlichen stan 7, 2 det er c der künec
fehlt ef 3 er wolt a die ritter a, den kunig e 4 ir fehlt c in ritterschefte (fehlt ac) möchte
(ge)heissen ace 8, 1 einem pfingestage a besprochen c 3 man sach do (die a) ac 4 so det a
9, 1 wol ritters krafft e also (do c) das ritterspil do ein ende nam ac 2 wart ir c driuhundert]
sein cf vor 10 aventür wie der heiden olfan tuit hugdieterichen streit e 10, 1 an ce daz
fehlt a 2 heidenischer uef 3 vil schaden a 4 olffen f

11 Nu was bî den zîten   der edele Wolfdietrich
    mit einlif rittern juugen,   daz wizzet sicherlich,
    geriten durch âventiure   gên Sibenbürgen in daz lant.
    Hugdietriche sînem vater   wart schaden vil bekant.
12 Olfân mit gewalte   in Kriechen was gevarn
    mit manegem heiden starke,   mit unzellichen scharn.
    dô wolt er betwingen   alliu kriechischiu rîch.
    er besaz in ze Atênis,   daz wizzet sicherlich.
13 Al die in kriechischem rîche   dem künec wârn undertân,
    die wurden dô besendet,   als ich mich kan verstân.
    si kômen gên Kriechen   ze helfe dem künege guot,
    ûz kristen lande   manic degen hôchgemuot.
14 Er wolt sich widersetzen   dem ungetouften man,
    alsô dem edelen künege   ze guote wol gezam.
    diu edele küniginne   wart betrüebet gar:
    ir minniclîchiu varwe   wart dô missevar.
15 Nu wâren worden enein   die edelen helde guot,
    vil manec degen küene   gewan dô senden muot.
    dô ermant si alle   diu edele künigîn
    aller guoter dinge.   dô wart ir helfe schîn
16 Getân gar willeclîche   von manegem helde dô.
    des wart diu küniginne   gar inniclîchen frô.
    nu buoben sich die recken   dô in arbeit vil:
    von manegem Kriechen recken   ergie dô hertez spil.
17 Vor der stat ze Kunstenopel   der herte strît geschach,
    dâ manegem ritter edele   swære und ungemach
    widergie dô zewâre   von den heiden freissam.
    Olfân der künec rîche   under manegem sturmvan
18 Dar brâhte er Sarrazîne   unzellîche vil
    in daz lant ze Kriechen,   als ich iu sagen wil.
    der rîche künic fuorte   wol fünfhundert van,
    als manic banier schœne,   under ieglichem tûsent man.
19 Hugdietrich im begegente   mit sîner frîen schar:
    undr einem rôten banier   brâht man den hêrren dar.
    sîner banier wârn vierhundert,   alsô man uns seit,
    undr ieglîchem besunder   sibenhundert helde gemeit.
20 Si sigen dô zesamene,   die künege lobesam:
    dô huop sich daz vehten.   êrst sach man trûric stân

11, 1 edele] herre a   2 junge e   3 zu sübenburge c abentúre wille e   4 wolfdietrich der fürste (bugdietrich c) was in kriechen wol orkant (überrand c) ac   12, 1 Oylffan a, olffin c   2 freisam c, bald f, mit ungetöften heiden e   3 do mitt c krichsche lant rich a   4 Hugdieterich (der a, fehlt r) besass er ac stins f, atnis e, altins a, attis c   4ᵇ und zu Kunstenopel kreftiglich ef   13, 2. 3 fehlen f   2 dô] alle e, fehlt c kan fehlt c   3 sy a, die ce ze helfe fehlt c   4 kristem a, dem kriechsem ef wol gemut c   14, 1 den a, gegen dem c   2 also ez ef ze guote] hugdittrich c   4 wuneclich c dô] so f, fehlt c   15, 1 vberein c herren ac guot fehlt e   2 vil fehlt ef riter edele ef, ritter kienne c do a, gar ef, ein c   3 alle fehlt a   4 helffen a   16, 1 ger gewilleclich c do wart ir helfe do e, nun gelobt ir zu helffende do c   2 manig ritter c cle dez wartt die frowe (do von die frowe wart ef) fro cef   3 dô fehlt cef   4 kecken fehlt ac dô] ein ce hertez] manig a   17, 1 ze fehlt ce der-manegem fehlt a   2 daz manig helde güte e do leitt ouch manig ritter edele gross swer vngemach c   3 fehlt c den] manigem a   4 der heiden a vnder einem a, vnd manig e   18, 1 dar ef, do a, so c unzclich e, und vngetöffter acf   2 das (die a) land (gen) ac zu Kriechen vor in ef in fehlt c   3 wol e, fehlt acf fan e, gutter fan c, man f, küner man a   4 vnd vnder e   19, 1 mit friem scharn a   2 under einer baner schone a, vil rott paner c dem e   3 sîner samenung c, der a   4 ieglicher a besunder fehlt c rittter a, fehlt f   20, 1 sigenten e helde a

die edelen küniginne   an einer zinne unfró:
den richen Krist von himele   bat si umb helfe dó.

21 Die helde begunden sprengen   diu ros mit den sporn
und úf einander hongen,   die fürsten hóchgeborn.
diu sper si under sluogen   mit alsó grózer kraft.
diu ros si zesamen truogen.   dó zerbrach manic schaft.

22 Diu swert si beide zuhten,   Bonge und Wahsmuot:
die helme si verruhten   und ouch die schilte guot.
si hiewen unde stáchen   úf die sarwát,
der ringe se vil zebráchen   und ouch die stahelnát.

23 Dó wart von scharpfen klingen   manic ritter wunt
durch schilt und durch ringe   daz er niemer wart gesunt.
mit stechen und mit houwen   tátens einander nót:
daz velt begundens strouwen   mit dem bluote rót.

24 Die kristen liten pine   von starken slegen swær.
dó machten die Sarrazine   manegen satel lær.
die schilte begundens houwen   und ouch diu helmvaz,
daz man manegen mohte schouwen   vallen nider in daz gras.

25 Die heiden striten sére   úf des tódes vart:
vil manic Krieche hére   von in verschróten wart.
si begunden lupfen   die getouften über al
und úz den setelen schupfen,   daz manic cristen viel ze tal.

26 Der strit was ungescheiden   von manegem küenen degen.
nu wâren die heiden   den kristen obe gelegen.
die wilden Sarrazine   táten in vil wé:
diu edele küniginne   klagte ir leit alsó ó.

27 Nu hete Wolfdietrich   getán die widervart
hin gegen Kriechen,   der junge degen zart.
dó er die klagende swære   in dem lande vernam
und er den vanen róte   wart sihtic an.

28 Do begunde er sprengen   harte ritterlich
ze helfe den werden Kriechen,   der helt Wolfdieterich.
die vor wárn entwichen   hinder sich hin dan,
die sach man degenlichen   dó hin wider stán.

29 Dó der künic Hugdietrich   in dem strite ersach
sinen sun den jungen,   sin grózez ungemach
was vil schiere ergangen   und was ouch só getán
daz man tót sach vallen   manegen heidenischen man.

20, 3^b sach man do vnfro *c*   4 von himele *fehlt af*   21, 4 brach vil *a*   22, 1 si
beide *a*, do behend *c*, do *e*, sie do *f* zugent *a*   2 sy bode *a*, sü balde *c*   3 biengent *a*   4 auch
der *a*, manig *c*   23, 1 scharpfen swerten *ef*, starken slegen vil *a*   2 durch helm und durch
schilt *f*, in harnasch und in ringen *ac*   3 mit strite vnd mit slegen *a*   ·4 begunde sich *a*   so
rot *af*   24, 1 starken] den *a*   2 machte *a*   doch machten sü den heiden manig *c*   3 begun-
deten *e* ouch *fehlt e*   4 man do mieste schowen mangen *c*, man do sach manigen vallen *e(f)*
25, 1 al vff *e*   2 herre *ae* verhöwen *ac*   3 lufften *a*, luppen *c* getäufften *z*, ungetöften *aef*,
heiden *c*   4 manig viel in (nider uff *a*) daz wal *ac*   26, 1 es (do *f*) vacht vil erliche maniger
küner degen *ef*   2 nu was (vil) der *ac* obelegen *e*   3 die vil wilden *a* dotten den kristen we *c*
4 leid aber also *c*   27, 1 hete] der herre *ef* W. der heild *c*   2 heim gen *ef* selbe *a*, werde *c*
8 klage *acf*   4 grüne *f* érst wart? vnd (er)sach die vanen grüne er dct also im gezam *ac*
28, 1 vil hart *ef*   2 helffen *e* helt *e*, fürste *ac*, edel *f* Wolfherdieterich *a*   3 gewichen von dem
strite *c(z)*   4 man gar *c* dò hin] er *c* gan *c*   29, 1 hugdietrich *ef*, riche *ucz*   2 gros *ef*,
vil gross *c*   3 zergangen vnd wart (nun was *e*) es so *ef*   4 vallon *fehlt a*

30 Wolfdieterich der snelle   mit sines swertes ort
frumte manegen tôten.   beidiu hie unt dort
*sach mans gemein*liche   *vallen úf* den plàn:
daz geschuof Wolfdieterlche   *und sin* cinlif dienestman.

31 Der er sit gedâhte   in herten stürmen vil:
swanne er was in nœten,   als ich iu sagen wil,
sô sprach ze allen zîten   der degen lobesam
'nu berâte got zen Kriechen   mín cinlif dienestman'.

32 Si hulfen im dô vchten   des tages dà den strit;
si sluogen durch die ringe   vil manege wunden wit.
die helme si erschalten   mit ellenthaiter hant,
manegen heiden si dô valten   nider úf daz lant.

33 Diu swert sluogen si dicke,   diu si mit nide zugen,
daz die fiurln blicke   úz den helmen flugen.
von nôt begunden switzen   die helde tugenthaft:
des wart von grôzer hitze   manec degen zwivelhaft.

34 Die Kriechen alt und junge   *huoben sich zesamene gar,*
mit einander si dô drungen   *durch der heiden schar.*
si schrieten helm und isen   *daz maneger lûto* schrê:
des sach man nider rîsen   *die heiden als* der snê.

35 *Diu swert sluogen* mit nide   *úf die brünjen* ganz
und úf daz lichte gesmide: *si gewunnen* manegen schranz.
di schilte si zerkluben,   *si spielten* ouch die helm
daz die trunzen úf stuben   *und die* ringe in den melm.

36 *Mit síner scharpfen* ecken   Wolfdieterich der werd
begunde nider lecken   manegen heiden zuo der erd,
der sôre was verschrôten: dà von man in dem bluot,
daz dô ran von den tôten,   biz an die sporn wuot.

37 Wolfdietrich der gewære   fuogt den heiden ungemach
und ouch sin cilf dienære,   dà von in wê geschach.
swaz si ir mohten erlangen,   die mâzens durch den kragen:
ez was umb si ergangen,   ir wurden vil erslagen.

38 Die heiden si getriben   gên eime gebirge dan,
doch was ir tôt beliben   wol ahzic tûsent man,
Olfân, der heiden herre,   der wart sigelôs:
von Kriechen flôch er verre,   sin sorge diu was grôz.

30, 2 valte *a*   3 *mit* nlichen val . . . . den plan *beginnt* C *Was von hier bis* 36, 2 *in* C *fehlt,
ist cursiv gedruckt.* sach man die heiden risen nider uff den plan *ef* vallen hie vnd uff dem witen
plan *a*   4 schuff ace . . . elo (*L* edele?) *vor der Cäsur,* Wolfdietorich *nach derselben* C oinlif
fehlt ac   31 *fehlt* e   1 ouch sit *u* an hirten striten C   2 er] so es *a*   3 do *f* fürst *f*
4 zu den *C,* zu c, zů wilden *a* zu den wilden haiden *f*   32, 1 die ee dô *fehlt* ace ervechten *a*
2 durch ringen *e* vil maniche diffe C, die dieffen *a*   4 sie valtin do C   33, 1 si dicke *fehlt a*
1ᵇ *fehlt* C   2 furê *C,* feures *ore* stuben *ae*   3 nodin *Cef* begunden si C, begunde *ef* die edeln
holde C, die degen *ac,* manig degen *ef*   4 des e do *uref* degen *C,* herro *ref* dô kam der hieze
manig herexe in zwiffels krafft *a*   34, 1 die *fehlt* C jungen C   3 daz *fehlt* c vil lute *ac*
4 do risen die heiden *ac,* die heyden nyder vallen (risen e) *Ce(f)*   35, 1 mit nide] dicke *e* durch
die brunige *a*   2 die liechten *a,* das *ef*   3 und spielten *e*   4 drumbet *a,* trümbe e, stig c und
die ringe] und vielen *a* in dem (das *a*) melm *ae,* uff den melm C, also ruel *c*   36, 1 ecke *cef,*
snide *a*   2 lecken *e,* legen *uef,* wygen? *C* heiden *fehlt e*   2ᵇ manichen heydnischen degin C
1. 2 Wolfdieterich kund hawon wem er ein streiche muss den mãst man bulde schawen dot fallen iu
das gruss z   3 wart *ac* sie wurden sere verschroten *cf*   4 dô *fehlt cef* ran *fehlt a* an Cuc, über *ef*
37, 1 (ge)frumet in ungemach *ac*   2 ouch nur *C* cilf *Cef, fehlt ae* da von in (in gar C) Cf, da von
(das *ac*) menigem *ace*   3 waz er (ir) mocht herlangen den mes ers (die erslug er c) durch den
(die ae) kragen *acef*   4 ir wart ein teil erslagen *a*   38, 1 do triben *acef* ein e hindan C·
2 doch Cef, do ac uerlibin C   3 heydnisch C der wart Ce, wart do *acf*   4 vor den c diu *fehlt* c

39 Die kristen überwunden gar der heiden diet.
   swaz si dô richeit funden der enliezens hindr in niet..
   ez wær ros oder wât, harnasch oder guot,
   daz nâmen die helde drât: si wurden hôchgemuot.

40 'Wol mir' sprach vor fröude der künic lobesam,
   'daz ich von got von himele den erben ie gewan,
   der mich mac behüeten in sô getâner nôt'.
   er kuste in alsô schône an sinen munt sô rôt.

41 Der strît und der kumber nam ein ende dô:
   Dietlint sîn liebiu muoter was mit züchten frô.
   Wolfdieterich der werde, niht lenger er dô beit:
   für sîne muoter reine er vil schiere schreit.

42 Er sprach 'ein urloup, frouwe, den muoz ich von iu hân'.
   er wolt durch âventiure rîten dô von dan.
   dô diu kiusche reine sînen willen dô vernam,
   dô sprach diu wandels frîe 'kint, wem wiltu mich lân?'

43 'Daz wil ich gote von himele, vil liebiu muoter mîn.
   dem bevilhe ich dîn êre, der sol dîn schirmer sîn,
   und aller dîner jâre sô muoz er selbe phlegen,
   Crist von himelrîche. nu tuo mir dînen segen'.

44 Hie mite der degen urloup ze sîner muoter nam,
   von sîner lieben muoter dô schiet der helt von dan.
   er gie ze Berhtunge, zuo dem meister sîn
   'nu lâz dîn süne junge alle cilî mîn gesellen sîn'.

45 'War stêt iu daz gemüete, vil lieber hêrre mîn?
   ir sult bi uns ze Kriechen noch lange wonende sîn'.
   des antwurte im mit züchten Wolfdieterich der degen
   'ich bin, meister Berhtune, gnuoc lange stille gelegen.

46 Helt, obe du verzîhen wilt mir diu kint dîn,
   sô muoz ich fröude lâzen. ich sage dir, meister mîn,
   ich wânte, degen küene, üz erwelter man,
   hetestu tûsent kinder, du tætest si mir undertân'.

47 Dô sprach üz senftem *muote* Berhtune der degen *rich*
   '† vnd auwe de kint da.. e, süne und dar zuo mich
   sult ir mit ganzen triuwen immer für eigen hân,
   und füert si swar ir wellet: si sîn iu undertân'.

48 'Nu lôn dir got von himele' sprach er zem meister sîn,
   'daz ich sicherlîche von dir gewert nu bin
   dirre senften bete die ich hân getân:
   des wil ich dir friundes loben nimmer abe stân'.

49 Dô in Berhtunc gewerte, êrst wart er fröuden rich.
   er schiet von im vil drâte, der junge Wolfdietrich,
   dâ er bi einander die einlif ritter vant:
   er tete in sînen willen al ze mâle bekant.

39, 1 vil gar *nc* die *C*   2 dô] der *a* enliessin si *C*, liessen sy *acef* do hinden nit *c*
3 wayt *C*, wete *a*, gewant *e*   4 trate *cf*, vru .. (oder dra ..?) *C*, stette *a*, fehlt *e*   40, 1 von
fröiden *ae*   2 ich *fehlt C*   3 sô getâner] solicher *a*, so grosser *c*   4 (so) gütlichen *acef*
41, 1ᵇ Hie myede ende nam *C*   2 Dietlint *C*, Hilteburg *acef* sin muter wart *ef*   42 rothe
Überschrift Wie wolff diterich nach dem strite uz der (*l.* dem *oder* der Kriechen) lande fur *C*   1 einen *C*
2 do riten *C*   43, 2 den beuel ich din wiplich ere *C*   3 selber *C*   44, 1 ze] von *C*   2 von]
zu *C*   4 jungenicht *deutlich, das Pergament ist abgerieben*   3 in *C*   46, 1 virzihest wilt du die
kinde din *C*   48, 2 nu gewert *C*   3 diesz semfite hete *C* hân *fehlt C*   49, 1 do wart er erst *C*
3 do *C*   4 sinen] allen *C*

50 Er bat si filziclichen,   er sprach 'gesellen min,
   ritter aller liebsten,   ir tuot mir helfe schin,
   swâ wir âventiure sehen'   sprach der junge helt.
   dô gelobten im helfe   die ritter ûz erwelt.
51 Si sprâchen an der stunde   ûz einem gemeinen rât
   'swaz uns iuwer lip gebiutet   und iu der sin hin stât.
   des suln wir iu mit triuwen   wesen undertân'.
   ez wart mit frôude er . . . .   Wolfdieterich der kûene man.
52 Er giene von in balde   ûf einen palas dan
   ze sime lieben vater,   eim kûnege lobesam

   . . . .
   . . . .

Fortsetzung in D.

41, 3 dô er hete gesiget   alsô ritterlich:
   des preis man in den landen   Wolf hörn Dietrich.
42 In den selben ziten   was ein keiser lobesam,
   der was geheizen Otnit,   der werlde ein biderman.
   der hete sin hûs ûf Garten   mit grôzer ritterschaft.
   er truoc an sinem libe   zwelf manne kraft.
43 Diu lant wolt er erstriten   mit ritterlicher wer
   ze allen vier siten   vom gebirge unz ûf daz mer.
   vor was er gevaren   über des meres strân
   da er einem heiden riche   ein schœne tohter nam.
44 Man touft si wol nâch êren,   schœne was ir der lip:
   si was geheizen Sidrât   und was ein schœnez wîp.
   er hete si ûf Garten   vil manegen lieben tac:
   hei waz er mit der frouwen   grôzer frôuden phlac.
45 Umb in saz eines tages   vil manic werder man.
   dô sprach vermezzenliche   der keiser lobesam
   'ich hân noch mê der lande   denn kein min vorder ie gewan:
   diu riche unz ûf daz mer   diu sint mir undertân'.
46 Dô sprach der herzog Gêrwart   'lieber hêrre mîn,
   ich weiz einen künic riche,   der wil ouch gewaltic sîn.
   er hât dri süne junge,   küene und lobesam:
   si wolten nie gedienen   keiner slahte man'.
47 Dô sprach der riche keiser   'wer möhte der gesin?
   Beiern unde Swâben   ist doch allez min,
   Tuscân unde Pülle,   Rôme und Laterân:
   sant Jâcobes lant daz riche   ist mir ouch undertân'.

50, 1. 2 *umgestellt* C   4 gelobite C   51,4 froudin C   41,3 das der degen küne strait
so r. *f*, das sy genedeclichen wurden sigehafft *ac*   4 das sait man wait in dem land von wolff-
ditherich *f*, man seit (do) wite mere von wolfdieteriches erafft *ac*   42 *Überschrift* Aventür wie
Otnit sante zû hügdieterichen daz er im solte zinsen sine lant *e*, *grosser Anfangsbuchstabe acf* 1 in
ef, zu *ac*   2ᵇ ein vsserwelter man *acf*, *vgl.* 48,4   3 hielte *a*   4 wol zwelff *a*   43, 1 diu]
sin *acz* bestriten *az* keiserlicher *acz*   2 alle vier *ac*, boiden sinen *ef* bis *ef* vff *ae*, an *cf* 3 vor
-er] er was gewalteclich *ac(z)*   4 hoidenschon kunige *e*   44, 1 man] er *ac* hette si getöffet
mit *ef*   3 si] sein hauss *fz*   4 hei] ach *a*, nu *c*   45,3 miner *ce* forderen *ac*   4 lant *ac*
bis vff *e*, vncze an *ac* mir doch *a*   46, 2 wais auch *ef* riche ez starch *ae*, *fehlt f*   3 küene]
starck *c*, her *a* und *fehlt e*   47, 1 mag *acz*   2 und ouch *a*, *fehlt c*   3 tuschan *a*, dischkau *c*,
tüstan *e* und ouch (dar *a*) westfal *ae*, Kernten vnd westfal *z*, dint mir zu aller zit *y*   4 lant das
dienet mir vber al *acz* galitz ist auch min aigen uud da sant jacob lit *y*

48 Dô sprach der herzog Gôrwart   'sit ichz gesprochen hân,
   ez ist der künec von Kriechen,   daz wil iuch wizzen lân.
   der hât drî süne junge,   küene und lobesam:
   ez ist Hugedietrich,   al der werlde ein biderman'.

49 Dô der riche keiser   die rede dô vernam:
   'mir müezen die drî künege   ouch werden undertân.
   des wil ich si betwingen   mit ellenthafter hant,
   daz si mir müezen zinsen   ir bürge und ouch ir lant'.

50 Dô sprach der herzog Gôrwart   'sô vernemet mînen rât:
   besendet zwelf grâven   die besten die ir hât
   und entbietet im, zinse   er iu niht bürge unt lant,
   sô werden si ze sumer   gar von iu verbrant'.

51 Dô sande der riche keiser   boten in diu lant
   nâch zwelf den besten grâven   die er inder vant.
   die wurden zuo der verte   schiere dô bereit.
   swes die dô bedorften,   daz was in in ir kiele geleit.

52 Ûf zugen si ir segele,   die ûz erwelten man,
   alsô snelliclîche   fuoren si von dan.
   si fuoren ûf dem wazzer   sibenzehen tage,
   dô kâmen si zem êrsten   ze Kunstenopel an die habe.

53 Dô zugen die hêrren   von dem schiffe ûf daz lant.
   an leiten si mit êren   ir pfellerîn gewant,
   daz was von sîden rîche   und von golde wunnesam.
   si giengen gezogenlîche   für Hugdietrichen stân.

54 Under in was ein grâve,   der hiez Herman,
   als einer für den andern   noch dicke reden kan:
   'welt ir mir erlouben   botschaft vom herren mîn,
   als liep iu werltlich êre   und alle frouwen sîn?'

55 Dô sprach der künec Hugdietrich   'daz sol dir erloubet sîn:
   sage swaz du wellest   von dem herren dîn.
   halte dînen herren,   sô mahtu wol genesen,
   und wirp im sîn botschaft,   sî er dir liep gewesen'.

56 'Dô hât uns der riche keiser   zuo iu her gesant
   daz ir im sullet zinsen   iuwer bürge unt lant.
 · tuot irz gern oder ungerne,   sô muoz ez doch geschehen
   od er wil iuch ze sumer   mit grôzem her gesehen'.

57 Dô Hugedietrich   die rede dô vernam,
   sîne süne junge   hiez er für sich stân.

48,1 ich gesprochen e   3 or hat a junge fehlt c kunc ef, herro a, fehlt c   4 er heisset a
49,1 fehlt a   2 so müsent mir die kunige e   4 zinsen bürge und irü e   50,1 hörent acz
3 in do hin zinsent sy uch ac(f)   4 so werde es ac, si werdent e   51,1 die ez, sein af, das c
2 besten fehlt e iergen aef, fehlt c   3 den was schier ein (ir c) kiele und ir (irme a) gesinde
bereit ar   4 dô fehlt e bereit e ach was richer spise wart in dar in geleit a(c)   52,2 sy
füren frölich über daz mer hin dan ac   3 siben und tzwantzig tag als wir han vernomen f
sibenezehen tag uff dem wasser also wir vernomen haben e sy koment in sechtzehen (XVIII c) dagen
gen constantinopel an die habe ac   4 fehlt a zo fehlt e do warent die hern zu constantinopel
komen f do traten die herren vil frölich abe bcd   53,1 do die herren koment gen constanti-
nopel au daz lant ae   2 sy leitent an acf   3 und fehlt e   54,2 also noch e den] die c
noch dicke (wol a) ar(f), fehlt e   3 die botschafft e er sprach wellent ir hören (vernemen c)
mere von ac(z).   4 vch liep e   55,1 der künec fehlt acz dir fz, vch ar, fehlt e   2 so sage
daz e, sag an was f, rede (zu reden c) was ac   3 behalte ac also er dir sy lieb gewesen ac(z)
4 so machtu deste bas genesen ar(z)   56,1 uns otint vaser herre bac a(c)   2 uwer lant ac
3 dünt es a   4 mit heres crafft ac. · besehen efz   57,2 or ging sunderlichen zů siuen sunen
stan a(cz)

'nu dar, Bouge und Wahsmuot und Wolfdiecterich.
wie wellen wir antwurten Otnîde dem keiser rîch?'
58 Dô sprach der künic Bouge und sîn bruoder Wahsmuot
'ê daz wir dem keiser zinseten unser guot,
ê daz er uns betwunge und bræhte in solhe nôt,
manic ritter junge müest ê geligen tôt'.
59 Dô Hugdieterîche der jungen rede vernam,
er sprach gezogenliche, der tugenthafte man
'ê daz ich mit im strîte und wâge iuwer leben,
ich wil im ê alliu jâr einen soumær mit golde geben'.
60 Dô Wolfdieterîche sîns vater rede vernam,
dô sprach er zornicliche, der ûz erwelte man
'wær iu von mînem vater niht der fride geben,
ir müestet allesant von mir verliesenz leben'.
61 Dô sprach der junge fürste 'doch sult ir niht verzagen
und sult iuwerm hêrren von mir hin wider sagen:
swenne ich vol gewahse daz ich heize ein man,
sô wil ich in ze Garten umb sîn eigen lant bestân'.
62 Des erschrâken die boten end vorhten grôzen schaden.
der soumær mit dem golde wart in schiere geladen.
si zugen mit urloube wider an des meres sant
dâ si die kiele funden. dar in îlten si zehant.
63 Uf zugen si ir segel, die ûz erwelten man,
und fuoren frœliche wider über des meres strân.
si fuoren ûf dem wazzer wol gên zweinzic tagen.
si kômen heim ze Sippen, alsô wir noch hœren sagen.
64 Dô si ze Sippen kômen, dô trâten si hin abe.
si nâmen ûz den kielen ir gesmîde unde ir habe.
si leiten an mit êren ir kospærlîch gewant,
si riten ûf Garten dâ man den keiser vant.
65 Dô der rîche keiser die boten ane sach,
er enpfienc si alsô schône. nu hœret wie er sprach
'waz habt ir mir mære von Hugdietrîchen brâht,
od wes hânt sich die jungen gegen mir bedâht?'
66 Dô sprach der grâve Herman 'daz wil ich iu sagen.
der künec hât einen sun, der hete uns nâch erslagen.
der hât iu enboten, swenn er werde zeinem man,
er welle iuch hie ze Garten umb iuwer eigen lant bestân'.

57, 3 büge waszmüt vnd hugdieterich *a* 4 wöllent ir *ac* 58, 1 sin bruder *e*, ouch *a*, dartzu *f, fehlt c* 2 zinsen *ac* 3 er er vns des betwinge *a* 59, 1 die rede (do) *ac* 2 do sprach er *a(c)* vaserwelte *ac* 3 ob (ebe daz *c*) aber ich *ac* wogte *a* 4 alliu] disz *e* 60, 1 do im *a* sins vater] die *ac* do vernam *a* 2 zörnglich ez, gezögeuliche *a*, zu den boten (gesten *f*) *cf* 4 vnd wer *ac* ein gelcite *acz* 4 von mir all *f* m. von minen henden verliesen uwer leben *ac* 61, 1 also sprach (redett *c*) wolffdieterich *ac* 2 von mir] also *ac* 3 ich vol *ef*, so ich *a*, ich *e* wahse *e* 3 *b* vnd volle werde ein man *ac* 4 do zů *a* eigen *fehlt e* 62, 1 im müsz sin widerbietten noch (do *c*) komon zu schaden *ar(z)* 2 doch hiesz im hugdietrich einen söumer mit golde laden *ar(z)* Uvrlop nament die botten vnd komen do zů hant *ac(z)* 4 hin zů den kielen an das mer vff den sant *a(cz)* 63, 2 wider *fehlt a* über] vff *ac* 3 nnd komet in sechszehen gen sippen (s. dagen wider *c*) an die habe *ac* 4 also herlich trotent die herren (her)abe *ac* 64, 1 sippen nu getraten ab *f* do zugent die herren durch lamparter lant *ac* 2 sy leiten an mit eren ir pfellerin gewant *ac* 3 das was von siden riche von golde wannessam *ac* 4 sy giengent gezögenliche für den keiser (horen *c*) stan *ac* 65, 1 do sy *ac* die boten] von erste(n) *ac* 2 also schöne] tugentliche *ac* 66, 1 nach 67, 4 *f* 3 word *f*, soll werde (wahse *ac*) *ace* 4 so well er *e* eigen *fehlt ef*:

5

67 Dò sprach der riche keiser   'daz mac im komen ze schaden.
sit mir der soumer hiure   mit dem golde ist geladen,
der botschaft sult ir geniezen,   die ir hérlich habt getán.
zwelf guldin bouge   sol iuwer iegelicher hán'.

Es ergiebt sich dass in den meisten Fallen beide Klassen von D gleichmässig von C abweichen oder mit C übereinstimmen. Dies ist ebenso zu erklären wie oben S. 13 das Verhältniss zu B. In der Vorlage D, aus der *abcd* und *efg* herstammen, fanden sich die Veränderungen des Textes C, die beiden Handschriftenklassen gemeinsam sind, schon vor. Wo nur eine Klasse zu C stimmt, hatte die Vorlage D die Lesart von C bewahrt, welche in der andern Klasse verändert wurde. *Cefg* stimmen überein gegen *abcd* III 30, 4. 33, 2. 34, 4. 37, 1. 2. 38, 2. 39, 4. 40, 3; das entgegengesetzte Verhältniss (*Cabcd — efg*) zeigt sich 30, 3. 33, 3. 35, 2. 36, 3. 4. 41, 2. Hier sind auch zwei Stellen aus C VIII zu erwähnen. Die letzten vier Strophen dieses Bruchstückes stimmen nämlich wörtlich zu D 1868—1871, und C 19, 1ᵃ stimmt zu 1868, 1ᵃ *ac si kuste in güetlichen*, während *e* liest *si kuste Wolfdietrichen*; in *f* lautet die ganze Zeile *si kuste dó den fürsten güetliche an sinen munt*. C 21, 2 = D 1870, 2 lesen *Cef si wolden (wolte ein ef) höchzite dá ze Garten hin*, während *acz* umstellen und ändern *si wolte dó ze Garten eine schœne (reiche z) höchzit hin*.

Auffallend ist die Art, wie in den einzelnen Theilen von C die Cäsurreime angewandt worden. Während sie in II ganz fehlen und in VIII nur *kienen: grüene* 4, 1. *snelle: gesellen* 5, 1. *springen: jungelinge* 14, 1. *mære: swære* 14, 3 vorkommen, finden wir in III 30, 3. 44, 3 und von 32, 3 bis 39, 4 sämmtliche Cäsuren gereimt. Man sieht dass der Dichter gerade in der Schlachtbeschreibung diesen Schmuck hat anbringen wollen. Da in den Stücken von D, die wir nicht mit C vergleichen können, die gereimten Cäsuren ebenso bei Schilderungen von Schlachten und Festlichkeiten vorkommen, so lässt sich mit Wahrscheinlichkeit vermuthen, dass diese Stellen schon in der Vorlage C sich fanden.

Die oben angestellte Vergleichung von D und B hat ergeben dass *abcd* den Cäsurreim in sehr vielen Strophen haben, wo die Cäsur in *efg* wie in B ungereimt war. Dasselbe Verhältniss von *abcd* und *efg* ist überaus häufig auch in den Theilen des Gedichtes, wo wir weder B noch C vergleichen können. Hier ist also anzunehmen dass *efg* den besseren Text bieten. Wenn dagegen in einer ganzen Reihe von gereimten Cäsuren eine oder mehrere Handschriften den Cäsurreim meiden, so ist darin ein Fehler oder ein Versehen des Schreibers zu erkennen; vgl. III 24, 4. 26, 1. 30, 3. 34, 4. 39, 4.

Das Resultat der ganzen Untersuchung ist nicht so einfach, dass die kritische Bearbeitung von D eine leichte Sache wäre. Für die ersten beiden Lieder von B hat sich oben ergeben, dass *efg* den Text von B treuer bewahren als *abcd*. In *abcd* veranlasst das Bestreben, Strophen zuzusetzen und Cäsurreime einzuführen, viele willkürliche Veränderungen von B, wie oben S. 9—16 nachgewiesen ist. Doch auch *efg* sind nicht frei von Willkür und ändern an Stellen, wo *abcd* das Richtige geben. Für die Stücke von B III. IV, die sich mit D vergleichen lassen, zeigte sich, dass im Ganzen sogar *abcd* etwas mehr zu B stimmen, als *efg*; die Vergleichung von A und C mit D ergab für keine der beiden Klassen einen entschiedenen Vorzug. Es entsteht die Frage, ob das Verhältniss von *abcd* und *efg*

zu B III. IV dazu bestimmen kann, die aus der Vergleichung von B I. II hervor-
gegangene Ansicht über den Werth der beiden Klassen zu modificieren. Aber
diese Frage ist zu verneinen, denn die Zahl und Bedeutung der Varianten, die
hier in Betracht kommen, ist zu gering, um jenes Resultat anzufechten. Es lässt
sich, wie die Untersuchung lehrt, das Resultat der Vergleichung von D mit B I. II
nicht bestimmter zu fassen als so: im allgemeinen bewahren *efg* den Text von B
getreuer als *abcd*. An Beispielen für das entgegengesetzte Verhältniss mangelte
es auch dort nicht, und diese Beispiele werden hier in B III. IV vermehrt. Könnte
man für die Klasse *efg* ebenso wie für *abcd* die Gründe nachweisen, aus welchen
die Vorlage verändert wurde, so wäre damit das Princip, nach welchem *abcd*
neben *efg* für die Herstellung des Textes zu benutzen wären, klar gegeben, und
die Aufgabe des Herausgebers von D wäre einfach.

Holtzmann hat diese Aufgabe nicht gelöst. Er geht S. XLIV von einer
Überschätzung der Handschrift *e* aus, die er selbst gefühlt zu haben scheint, in-
dem er die nur in *abcd* enthaltenen Strophen willkürlich bald aufnimmt, bald
verwirft. Auch die Fehler von *e* verkennt er öfter, oder er versucht falsche Mit-
tel zu ihrer Verbesserung.

Noch ein Umstand verdient Erwähnung. Es ist klar dass D insofern näher
zu C als zu B stimmt, als die Strophen von C, welche sich in D nachweisen
lassen, viel geringere Veränderungen erfahren haben als die von B. Lässt sich
nun aus unseren Handschriften nicht nur der Text D, sondern auch mit einiger
Wahrscheinlichkeit C herstellen? Bevor die beiden Wolfenbütteler Blätter ge-
funden waren, konnte man geneigt sein, diese Frage zu bejahen. Jetzt nicht
mehr; denn wenn diese Blätter uns grössere Sicherheit über den Wolfdietrich C
verschafft haben, so hat doch besonders das zuletzt gefundene Bruchstück auch
wieder neue Räthsel über das Verhältniss von C und D geboten, deren sichere
Lösung nur dann möglich sein würde, wenn es glücken sollte noch mehr Blätter
des verlorenen Gedichtes aufzufinden.

Schulnachrichten.

Lehrverfassung.

Secunda.

Ordinarius: Hr. **Bolze.**

Religion. 2 St. IIr. **Brecher.** — Sommer: Sittenlehre im Anschluss an die Bergpredigt. — Winter: Der Katechismus und die in den früheren Klassen gelernten Lieder wurden wiederholt.

Deutsch. 3 St. Hr. **Jänicke.** — Die Arten und Formen der Dichtung; Erklärung einzelner Gedichte und Mittheilungen über das Leben der wichtigsten Dichter. Einige Gedichte wurden memorirt. Im Sommer: die epische und lyrische Dichtung, im Winter: die didaktische und dramatische. Schillersche Dramen und Lessings Minna von Barnholm. Übungen im Disponiren. Alle 3 Wochen ein Aufsatz.

Lateinisch. 4 St. IIr. **Bolze.** — 1 St. Sec. A u. B combin. Grammatik: Lehre vom Conjunctivus, den Conjunctionen, der oratio obliqua. Alle 14 Tage ein Extemporale. — 3 St. Lectüre: Sec. A im Sommer und Winter Livius XXI; Sec. B im Sommer: ausgewählte Capitel aus Liv. I, im Winter: Abschnitte aus Ovid's Metam. in Ranke's Chrestomathie. Ovid. VIII, 619—725 wurden gelernt.

Französisch. 4 St. Hr. **Wüllenweber.** — 2 St. Grammatik (Sec. A u. B combin.) in A Plötz Lection 66—78, in B Lection 50—65. — 2 St. Lectüre. Sec. A: Sommer: Corneille „Cid"; im Winter: Molière „Avare" und Corneille „Horace". In B: Sommer: Michaud „Histoire de la première croisade"; Winter: Voltaire „Charles XII." Buch 1—4. Wöchentlich 1 Exercitium oder Extemporale.

Englisch. 3 St. Hr. **Bieling.** — 1 St. Grammatik (Sec. A und B combinirt): die Lehre von den Conjunctionen und Präpositionen, passive Construction, Acc. c. Inf., Gerundium und Participialconstruction. Alle 14 Tage ein Extemporale. — 2 St. Lectüre: Sec. A: Macaulay, History of England, Ch. I, im Sommer p. 1—35, im Winter p. 35—82; im Anschluss an die Lectüre Übungen im Gebrauch der Sprache, theils durch Erläuterung und Reproduction des Gelesenen, theils durch Aufsätze und kleinere Vorträge; alle 3 Wochen ein Aufsatz. — Sec. B: Dickens, A Child's History of England, im Sommer: Ch. XXI—XXVI, im Winter: Ch. XXVI—XXX; Vorübungen zum mündlichen Gebrauch der Sprache durch Inhaltsangabe des Gelesenen.

Geschichte. 3 St. IIr. **Bolze.** Sommer: Geschichte des Mittelalters. Winter: Neuere Geschichte bis zum westphälischen Frieden.

Geographie. 1 St. Hr. **Bolze.** Sommer: Die südeuropäischen Länder. Winter: Die übrigen europäischen Länder, sowie Asien und Amerika im Überblick.

Mathematik. Algebra 2 St. (Sec. A und B comb.). Der **Rector**. Sommer: Einübung der Logarithmen. Gleichungen ersten Grades mit mehreren Unbekannten; quadratische Gleichungen. Winter: Kettenbrüche, diophantische Gleichungen, Wiederholung des Sommerpensums. Trigonometrie und geometrische Aufgaben in Sec. B. 3 St. Der **Rector**. Stereometrie in Sec. A. 3 St. Sommer: zuerst Hr. **Oberbeck**, dann Hr. **Wangerin**. Winter: Der **Rector**.

Physik. 3 St. Der **Rector**. — Im Sommer: Optik und Akustik. Im Winter: Wärmelehre und Repetition der Elektricitätslehre.

Chemie. 2 St. Hr. **Zettnow**. — Einleitung in die Chemie, erläutert durch Experimente: Wasserstoff, Chlor, Jod, Brom, Fluor, Sauerstoff, Schwefel, Stickstoff nebst den Verbindungen dieser Elemente unter sich; nach Rammelsberg, Grundriss der Chemie. Ausserdem 1 St. in Sec. A: Schwefelsäure, Phosphor, Arsen, Antimon, Wismuth, Kohlenstoff, Silicium, Bor nebst ihren wichtigsten Verbindungen. — 2 St. Laboratorium: Anleitung zu practischen Arbeiten.

Mineralogie. 1 St. Hr. **Zettnow**. — Schul-Naturgeschichte von Leunis Thl. III. Übersicht der 6 Krystall-Systeme; specielle Oryktognosie Thl. I. II. und das Wichtigste aus III.

Zeichnen. 2 St. Hr. **Moré**. — Freihandzeichnen nach Gypsen. Perspektive des rechten Winkels in schiefer Ansicht.

Gesang. 2 St. Hr. **Magnus**. — Combinirte Gesangklasse. Treff- und Stimmbildungsübungen. Vierstimmige Lieder und Motetten.

Tertia A.

Ordinarius: Im Sommer: Hr. **Brecher**, im Winter: Coet. I. Hr. **Brecher**, Coet. II. Hr. **Wüllenweber**.

Religion. 2 St. — Im Sommer: Hr. **Brecher**. Leben und Wirken der Apostel, Geschichte der Ausbreitung der christlichen Kirche. Lesen der Apostelgeschichte. — Im Winter: Coet. I. Hr. **Brecher**. Coet. II. Hr. **Band**. Fortsetzung der Kirchengeschichte, insbesondere Reformationsgeschichte. Repetition des Katechismus. Gelernt wurde: „Jesus lebt mit ihm auch ich", „Vom Himmel hoch da komm' ich her" und „Ach wundergrosser Siegesheld".

Deutsch. Im Sommer Hr. **Brecher**; im Winter in beiden Coetus Hr. **Brecher**. — Gelesen und erklärt wurden die Odyssee in der Voss'schen Übersetzung und die Nibelungen in der Simrock'schen Übersetzung. Übungen im Disponiren. Die abstracten Synonyma. Alle 3 Wochen ein Aufsatz.

Lateinisch. Pensum halbjährig mit wechselnder Lectüre. Grammatik 2 St. Lehre v. Acc. c. inf., Gerundium, Participium. Kuhr, Grammatik p. 142—156. Die Casuslehre wurde repetirt. — Lectüre: im Sommer: Caesar d. b. G. Lib. VII, 1—23, im Winter: Coet. I. Caesar d. b. G. Lib. VII, 23—66. Coet. II. Id. Lib. VII, 1—45. Wöchentlich abwechselnd ein Extemporale oder Exercitium. Sommer: Hr. **Thieme**. Winter: Coet. I. Hr. **Thieme**, Coet. II. Hr. **Bolze**.

Französisch. 4 St. Hr. **Wüllenweber**. — Grammatik: Plötz, Schulgrammatik Lect. 24 bis 49; die Verben; die Formenlehre des Substantivs, Adjectivs und Adverbs; das Zahlwort, die Präpositionen; die Wortstellung und der Gebrauch der Zeiten. — Lectüre: Herrig „Premières lectures". Wöchentlich ein Extemporale oder ein Exercitium.

Englisch. 4 St. Hr. **Wüllenweber**. — Im Sommer: Schmidt, „Elementarbuch der engl. Sprache" Lect. 13—23. Die Zahlwörter, die unregelmässige Formenlehre und die wichtigsten Regeln der Syntax. Lectüre: ausgewählte Lesestücke desselben Buches. Wöchentlich ein Extemporale oder Exercitium. Memorirübungen.

Geschichte. 3 St. Im Sommer Hr. **Brecher**; im Winter Coet. I. Hr. **Brecher**. Coet. II. Hr. **Bolze**. — Brandenburgisch-preussische Geschichte.

Geographie. 1 St. Im Sommer Hr. **Brecher**. — Math. Geographie. Im Winter Coct. I.
Hr. **Brecher**, Coct. II. Hr. **Bolze**. Oro- und Hydrographie.

Mathematik. 6 St. — Algebra. Im Sommer: der **Rector**, im Winter: Coct. I. Hr. **Dorn**,
Coct. II. Hr. **Wangerin**. — Proportionen, Potenzen, Wurzeln, Logarithmen, Zinseszinsrechnung.
Kambly Thl. 1. Geometrie. Im Sommer Hr. **Wangerin**, im Winter Coct. I. der **Rector**, Coct. II.
Hr. **Wangerin**. Die Lehre von der Aehnlichkeit der Figuren. Berechnung des Kreises. Repetition
der Planimetrie, Einübung derselben an Aufgaben. Kambly Thl. 2.

Naturwissenschaften. 2 St. Im Sommer Hr. **Zettnow**. — Wirbellose Thiere. Leunis,
Schulnaturgeschichte Thl. II. — Im Winter Coct. I. Hr. **Dorn**, Coct. II. Hr. **Wangerin**. Einleitung
in die Physik, Specifisches Gewicht, Thermometer, Barometer, Luftpumpe, Mariotte'sches und Gay-
Lussac'sches Gesetz.

Zeichnen. 2 St. Hr. **Moré**. — Freihandzeichnen nach Gypsen. Perspektive des rechten
Winkels in gerader Ansicht.

Gesang. 2 St. Mit Secunda combinirt.

Tertia B.

Ordinarius: Coct. I. Hr. **Jänicke**; Coct. II. im Sommer: Hr. **Wüllenweber**;
im Winter: Hr. **Bieling**.

Religion. 2 St. Coct. I. Hr. **Brecher**, Coct. II. Hr. **Bolze**. — Im Sommer: Bibelkunde
des A. Testament's, besonders messian. und prophetische Stellen, Psalmen, Abschnitte aus Hiob.
Im Winter: das Leben Jesu nach den Synoptikern. Mittheilungen aus der Bibelkunde des N. Testa-
ment's. Gelernt wurden das 4. u. 5. Hauptstück mit Luther's Erklärung, Sprüche und die Lieder:
„Ein' feste Burg ist unser Gott", „Wie soll ich dich empfangen", „Jesus, meine Zuversicht".

Deutsch. 3 St. Coct. I. u. II. Hr. **Jänicke**. — Gelesen und erklärt wurden Schiller's Ge-
dichte; einige derselben wurden gelernt. Die wichtigsten Regeln der Metrik; concrete Synonyma:
Uebungen im Declamiren. Alle 14 Tage eine Aufsatzübung in der Klasse. Alle drei Wochen
ein Aufsatz.

Lateinisch. 5 St. Coct. I. Hr. **Jänicke**; Coct. II. im Sommer Hr. **Bolze**; im Winter
Hr. **Leisering**. — 2 St. Grammatik: die Casuslehre nach Kuhr's Schulgrammatik. 3 St. Lectüre: im
Sommer: Caes. de bello G. Lib. VI; im Winter: I. Wöchentlich ein Extemporale oder Exercitium.

Französisch. 4 St. Coct. I. Hr. **Bieling**; Coct. II. im Sommer Hr. **Wüllenweber**, im
Winter Hr. **Bieling**. — Grammatik: Die unregelmässigen Verben. Plötz Schulgrammatik Lection
1 — 23. ` Lectüre: Herrig „Premières lectures françaises", im Anschluss daran Memorirübungen.
Wöchentlich ein Extemporale oder Exercitium.

Englisch. 4 St. Hr. **Bieling**; Coct. II. im Sommer Hr. **Wüllenweber**; im Winter Hr.
Bieling. — Die Aussprache; die regelmässige Formenlehre. Schmidt „Elementarbuch" § 1 — 12.
Wöchentlich ein Extemporale oder Exercitium.

Geschichte. 3 St. Coct. I. Hr. **Abraham**; Coct. II. im Sommer Hr. **Bolze**, im Winter
Hr. **Kolpe**. — Im Sommer: Deutsche Geschichte bis zum Interregnum. Im Winter: Deutsche Ge-
schichte vom Interregnum bis 1648.

Geographie. 1 St. Coct. I. Hr. **Abraham**; Coct. II. im Sommer Hr. **Bolze**, im Winter
Hr. **Kolpe**. — Im Sommer: die Gebirge und Flüsse Deutschlands. Im Winter: Politische Geo-
graphie mit besonderer Rücksicht auf die Vorkehrswege und Producte.

Mathematik. 6 St. Coct. I. Hr. **Wangerin.** Coet. II. im Sommer Hr. **Oberbeck** und Hr. **Lemcke;** im Winter Hr. **Dorn.** — Algebra 3 St. Die vier Grundoperationen in Buchstaben, Gleichungen ersten Grades. Kambly Elementar-Mathematik Thl. 1. Geometrie. 3 St. Die Lehre von den Parallelogrammen, der Pythagoreische Satz; die Lehre vom Kreise. Ausmessung der Figuren. Verwandlungs- und Theilungsaufgaben. Wiederholung des früheren Pensums an einfachen geometrischen Aufgaben. Kambly Th. 2.

Naturgeschichte. 2 St. Hr. **Zettnow.** — Im Sommer: Erklärung des Linné'ischen Systems; Durchnahme einzelner Pflanzen; Bestimmung unbekannter Pflanzen nach Leunis. Im Winter: Uebersicht der Säugethiere, Vögel, Amphibien und Fische nach Leunis, Leitfaden der Naturgeschichte.

Zeichnen. 2 St. Hr. **Moré.** — Freihandzeichnen nach Holzmodellen und nach Gypsen. Construction einfacher und zusammengesetzter architektonischer Glieder aus verschiedenen Stylen.

Gesang. 2 St. Combinirt mit Secunda.

Quarta.

Ordinarius: Coct. A. im Sommer Hr. **Bieling,** im Winter Hr. **Band,** Coet. B. Hr. **Thieme.**

Religion. 2 St. Coct. A. u. B. Hr. **Brecher.** — Geschichte des jüdischen Volkes und Geographie von Palästina. Die Perikopen wurden wöchentlich gelesen und erklärt, das Kirchenjahr besprochen. Gelernt: das 2. Hauptstück mit Luther's Erklärung; Sprüche; die Lieder: „Wie gross ist der Allmächt'gen Güte", „In allen meinen Thaten", „Mit Ernst ihr Menschenkinder", „O Haupt voll Blut und Wunden".

Deutsch. 3 St. Coct. A. im Sommer Hr. **Brecher,** im Winter Hr. **Band.** — Lesen und Erklären prosaischer und poetischer Stücke aus dem Lesebuche von „Dielitz und Heinrichs". Vortrag von Gedichten. Die abhängige Rede; der zusammengesetzte Satz. Repetition der gesammten Wort- und Satzlehre. — Orthographische Uebungen. Alle 14 Tage ein Dictat oder ein Aufsatz beschreibenden oder erzählenden Inhaltes.

Lateinisch. 6 St. Coct. A. im Sommer Hr. **Leisering,** im Winter Hr. **Band.** Coet. B. Hr. **Thieme.** — Repetition der Formenlehre. Die Verba mit unregelmässigem Perf. und Sup. Das Allgemeinste über die Anwendung von ut, quod, des Accus. und des Nomin. c. infin.; das Gerundium und Gerundivum, die Participialconstructionen. Gedike, Lesebuch. Lectüre: Gedike 83 bis zu Ende mit Auswahl, z. Th. schriftlich übersetzt oder memorirt. Wöchentlich ein Extemporale oder Exercitium.

Französisch. 5 St. Im Sommer Coet. A. Hr. **Bieling,** Coet. B. Hr. **Kolpe,** im Winter Coet. A. u. B. Hr. **Volchert.** — Pron. démonstr. Der partitive Genitiv, die regelmässige Conjugation, der Gebrauch der Personalpronomina, das reflexive Verb, die Participien. Einige unregelmässige Verben. Plötz, „Elementarbuch", Lect. 45—91. Wöchentlich ein Extemporale oder Exercitium.

Geschichte und Geographie. 4 St. Coct. A. im Sommer Hr. **Bieling,** im Winter Hr. **Abraham.** Coct. B. Hr. **Jänicke.** — Geschichte. 3 St., im Sommer die griechische, im Winter die römische Geschichte nach dem Leitfaden von Dielitz. — Geographie 1 St. Im Sommer: Asien und Australien; im Winter: Afrika und Amerika.

Mathematik. 6 St. Coct. A. Hr. **Wangerin,** Coct. B. im Sommer Hr. **Lemcke,** im Winter Hr. **Dorn.** — Rechnen 3 St. Die Decimalbrüche, Einübung des neuen Maasses und Gewichtes, das abgekürzte Multipliciren und Dividiren, die bürgerlichen Rechnungsarten. Geometrie 3 St. Elemente bis zur Congruenz der Dreiecke und den Anfängen der Kreislehre. Kambly, Elementar-Mathematik Thl. 2.

Naturgeschichte. 2 St. Im Sommer Hr. **Zettnow**; im Winter Coet. A. Hr. **Band**, Coet. B. Hr. **Zettnow**. Im Sommer: Durchnahme und Bestimmung einzelner Pflanzen nach Leunis. Im Winter: Durchnahme einzelner Wirbelthiere als Repräsentanten der wichtigeren Ordnungen und Familien.

Zeichnen. 2 St. Hr. **Moré**. — Freihandzeichnen nach Wandtafeln, Holzmodellen und Gypsen. Aufangsgründe des constructiven Zeichnens.

Schreiben. 2 St. Coet. A. im Sommer Hr. **Krause,** im Winter Hr. **Zeiseweis**. Coet. B. Hr. **Schobert**.

Gesang. 2 St. Theoretische Uebungen, Bildung der Dur- und Moll-Scalen, Treffübungen, Einübung dreistimmiger Lieder und Motetten.

Quinta.

Ordinarius: Coet. A. Hr. **Leisering**, Coet. B. Hr. **Abraham**.

Religion. Coet. A. im Sommer Hr. **Leisering**, im Winter Hr. **Band**; Coet. B. im Sommer Hr. **Brecher**, im Winter Hr. **Thieme**. — Biblische Geschichten des Neuen Testaments nach Otto Schulz Bibl. Lesebuch. Gelernt wurden: Die Reihenfolge der biblischen Bücher, das 3. Hauptstück mit Luther's Erklärung; Bibelsprüche; die Lieder: „O heil'ger Geist kehr' bei uns ein", „Wenn ich o Schöpfer deine Macht", „Mein erst Gefühl sei Preis und Dank", „Dies ist der Tag den Gott gemacht", „Was Gott thut das ist wohlgethan", „Nun danket alle Gott".

Deutsch. 4 St. Coet. A. Hr. **Leisering**, Coet. B. Hr. **Abraham**. — Lehre vom einfachen erweiterten Satze und von den leichteren Formen des zusammengesetzten Satzes, von der Interpunction und vom Gebrauch der Casus. Befestigung der Orthographie. Lesen, Durchsprechen des Gelesenen, Nacherzählen, Auswendiglernen von Gedichten. Alle 14 Tage ein orthographisches Dictat oder ein kleiner Aufsatz.

Lateinisch. 6 St. Coet. A. Hr. **Leisering**, Coet. B. Hr. **Abraham**. — Ausnahmen von der regelmässigen Declination und von den Genusregeln, die gebräuchlichsten der unregelmässigen Verba, Deponentia, Pronomina, Comparation, Zahlwörter, Präpositionen, Adverbien, Verba anomala und defectiva. (Gedike 27—47). Lectüre der dazu gehörigen Sätze und der Fabeln und Erzählungen bis p. 80. Die gelesenen Fabeln wurden memorirt. Wöchentlich ein Extemporale oder ein Exercitium.

Französisch. 5 St. Coet. A. im Sommer Hr. **Koch**, im Winter Hr. **Volchert**; Coet. B. im Sommer Hr. **Abraham**, im Winter Hr. **Volchert**. — Regeln über die Aussprache. Die Declination, avoir und être, Vorübungen zur regelm. Conjugation; das Pronom possessif, interrogatif, relatif, démonstratif; Zahlwörter. Plötz, Elementarbuch Lect. 1—55, im Anschlusse daran mündliche und schriftliche Uebungen; alle 14 Tage ein Extemporale.

Geschichte und Geographie. Im Sommer Hr. **Leisering**, im Winter Coet. A. Hr. **Koch**, Coet. B. Hr. **Jänicke**. — Geographie. 2 St. Im Sommer Deutschland, im Winter die übrigen europäischen Länder. Geschichte. 1 St. Im Sommer deutsche Sagen, im Winter griechische Sagen.

Rechnen. 4 St. Coet. A. im Sommer Hr. **Oberbeck** und Hr. **Lemcke**, im Winter Hr. **Leisering**; Coet. B. im Sommer Hr. **Lemcke**, im Winter Hr. **Dorn**. — Einübung der Bruchrechnung und Anwendung derselben auf die gebräuchlichsten bürgerlichen Rechnungsarten, Regeldetri, Gesellschafts-, Vertheilungs- und Zinsrechnung. Repetition der Rechnung mit Decimalbrüchen.

Naturgeschichte. 2 St. Hr. **Zettnow**. — Im Sommer: Durchnahme einzelner Pflanzen und Einübung der Terminologie. Im Winter: Durchnahme einzelner Wirbelthiere als Repräsentanten für die wichtigeren Ordnungen und Familien der Rückgratthiere.

Zeichnen. 2 St. Hr. **Moré**. — Gemeinschaftliche Uebungen im Freihandzeichnen nach Wandtafeln (Ornamente).

Schreiben. 2 St. Hr. **Bethge**. — Deutsche und lateinische Schrift in Wörtern und einfachen Texten. Wöchentlich eine häusliche Arbeit.

Gesang. 2 St. Hr. **Magnus**. — Treffübungen und Bildung der Stimme auf verschiedenen Vocalen. Einübung 2- und 3stimmiger Lieder und Motetten, sowie einstimmiger Choräle.

Sexta.

Ordinarius: Coet. A. Hr. **Koch**, Coet. B. Hr. **Kolpe**.

Religion. 3 St. Coet. A. Hr. **Thieme**, Coet. B. im Sommer Hr. **Kolpe**, im Winter Hr. **Baud**. — Biblische Geschichten des Alten Testaments bis zum Babylon. Exil, nach Otto Schulz bibl. Lesebuch. Gelernt wurden: Das 1. Hauptstück mit Luther's Erklärung, die Bücher des Alten Testaments; Bibelsprüche; die Kirchenlieder: „Lobt Gott ihr Christen allzugleich", „Befiehl du deine Wege", „O Welt sieh' hier dein Leben", „Ach bleib mit deiner Gnade", „Gott des Himmels und der Erden", „Lobe den Herrn den mächtigen König".

Deutsch. Coet. A. Hr. **Koch**, im Sommer 4 St., im Winter 5 St. Coet. B. Hr. **Kolpe**. — Lesen und Nacherzählen; Erlernen geeigneter Gedichte; Grammatik im Anschluss an das Lesen: Unterscheidung der Redetheile, die Glieder des einfachen Satzes, die Präpositionen. Alle 8 Tage in A und alle 14 Tage in B ein Dictat, dem im Winter meist bestimmte orthographische Pensen zu Grunde gelegt wurden.

Lateinisch. 6 St. Coet. A. Hr. **Koch**, Coet. B. Hr. **Kolpe**. — Declination der Substantiva und Adjectiva, Genusregeln, die 4 regelmässigen Conjugationen; Gedike p. 1—26. Gelesen wurden die zugehörigen Stücke, Gedike p. 59—65; wöchentlich ein Extemporale oder eine häusliche schriftliche Uebung.

Geographie. 3 St. Coet. A. im Sommer Hr. **Koch**, Coet. B. im Sommer Hr. **Kolpe**, im Winter Hr. **Abraham**. — Die Vertheilung von Wasser und Land auf der Erdoberfläche nach Voigt's Leitfaden Cursus I.

Rechnen. 5 St. Im Sommer Coet. A. Hr. **Wangerin**, Coet. B. 4 St. Im ersten Quartal Hr. **Oberbeck**, im zweiten Hr. **Zettnow**. 1 St. der **Rector**. Im Winter Coet. A. Hr. **Zettnow**, Coet. B. Hr. **Kolpe**. Decimalbrüche nebst Anwendung auf einfache Regeldetri- und Zinsrechnungsaufgaben. Einübung der neuen Maasse und Gewichte.

Naturgeschichte. 2 St. Hr. **Zettnow**. — Im Sommer: Durchnahme einzelner Pflanzen und Einübung der Terminologie. Im Winter: Durchnahme einzelner Wirbelthiere als Repräsentanten für die wichtigeren Ordnungen und Familien der Rückgratthiere.

Zeichnen. 2 St. Hr. **Moré**. — Gemeinschaftliche Uebungen im Zeichnen geradliniger Figuren nach Wandtafeln ohne mechanische Hülfsmittel.

Schreiben. Coet. A. Im Sommer 3 St. Hr. **Toepfer** und Hr. **Nauke**; im Winter 2 St. Hr. **Zeiseweis**; Coet. B. Hr. **Schobert**. — Deutsche und lateinische Schrift in Buchstaben, Wörtern und Sätzen. Wöchentlich eine häusliche Arbeit.

Gesang. 2 St. Hr. **Magnus**. — Erlernen der Notenschrift, Takteintheilung etc., Treffübungen und Uebungen in der Bildung der Stimme. Einübung einstimmiger Choräle und Lieder.

1. Vorschulklasse.

Ordinarius: Hr. **Schobert.**

Religion. 4 St. Biblische Geschichten nach Wangemann, 2. Stufe. Gelernt wurden das 1. Hauptstück mit Luther's Erklärung, Bibelsprüche und 3 Kirchenlieder: „Nun danket alle Gott", „Lobe den Herrn", „Lobt Gott ihr Christen allzugleich".

Deutsch. 10 St. Berlinisch. Lesebuch. Uebungen im sinngemässen Lesen und verständiger Auffassung des Gelesenen, im Decliniren und Conjugiren. Fürwörter und Zahlwörter. Orthographische Uebungen. Wöchentlich 2 häusliche Arbeiten.

Geographie. 2 St. Vorbegriffe an die Lectüre des Robinson geknüpft.

Rechnen. 6 St. Die 4 Species mit ganzen Zahlen. Resolviren und Reduciren. Fölsing, Rechenbuch, Theil 1. Wöchentlich 2 häusliche Arbeiten.

Schreiben. 4 St. Deutsche und lateinische Schrift in Buchstaben, Wörtern und Sätzen. Wöchentlich 2 häusliche Arbeiten.

---

2. Vorschulklasse.

Ordinarius: Hr. **Bethge.**

Religion. 4 St. Ausgewählte biblische Geschichten des alten und neuen Testaments nach Wangemann. Bibelsprüche und Liederstrophen. Die 10 Gebote. Das Vaterunser; Morgen-, Abend- und Tischgebete. Psalm 23, Ps. 103, 1—6. Kirchenlieder: „Ach bleib' mit deiner Gnade", „Gott des Himmels und der Erden", „Mein erst Gefühl sei Preis und Dank", „Jesus ist gekommen".

Deutsch. 9 St. Leseübungen und Besprechung des Gelesenen. Berlinisches Lesebuch. Eine angemessene Anzahl von Gedichten, Fabeln, Erzählungen u. s. w. wurden memorirt und recitirt. Anfänge der Grammatik im engsten Anschluss an das Lesebuch. Orthographische Uebungen.

Rechnen. 6 St. Die vier Grundrechnungen im erweiterten Zahlenkreise mündlich und schriftlich; das Einmaleins bis 12.

Schreiben. 6 St. Die kleinen und grossen Buchstaben der deutschen Schrift einzeln, in Wörtern und in einfachen Texten.

---

3. Vorschulklasse.

Ordinarius: Im Sommer Hr. **Toepfer** und Hr. **Nauke,** im Winter Hr. **Zelsewels.**

Religion. 4 St. Ausgewählte leichtverständliche Geschichten des alten und neuen Testaments. Gelernt wurden geeignete Liederverse und Gebete.

Sprechübungen. 2 St. Besprechung von naheliegenden, anschaulichen Gegenständen, zum Theil nach Strübing's Bildertafeln. Uebungen im Nacherzählen. Erlernung kleiner Gedichte. Besprechung von leichtfasslichen Lesestücken.

Lesen. 6 St. I. Abtheilung im Sommer Hr. **Toepfer** und Hr. **Nauke;** im Winter Hr. **Zelsewels.** Lesen sämmtlicher poetischer und prosaischer Stücke der Handfibel von O. Schulz. Uebungen im Lesen lateinischer Schrift. II. Abtheilung im Sommer Hr. **Krause,** im Winter Hr. **Zelsewels.** Die ersten Anfänge des Lesens. Lautiren und Lesen einzelner Sylben und Wörter.

Schreiben und Lesen. 6 St. Einübung der kleinen und grossen deutschen Buchstaben, einzeln und in Wörtern. I. Abth. Leichte orthographische Uebungen. Abschreiben von Lesestücken und Lesen des Geschriebenen. Hinweis auf Haupt-, Eigenschafts- und Zeitwort.

Rechnen. 6 St. Numeriren und die vier Species. II. Abth. im Zahlenkreise von 1—20, I. Abth. im Zahlenkreise von 1—100. Dazu entsprechende schriftliche Uebungen.

Uebersicht der eingeführten Lehrbücher.

1.	3te Vorschulklasse:	Handfibel von O. Schulz. Ausgabe B.
2.	2te u. 1te Vorschulklasse:	Berlinisches Lesebuch.
3.		Koch. Rechenheft, Th. 1 u. 2.
4.	Sexta:	O. Schulz. Biblisches Lesebuch.
5.	„	Dielitz und Heinrichs. Deutsches Lesebuch.
6.	„	Gedike. Lateinisches Lesebuch.
7.	„	Voigt. Geographischer Leitfaden.
8.	Quinta:	Plötz. Elementarbuch der französischen Sprache.
9.	Quarta:	Dielitz. Grundriss der Weltgeschichte.
10.	„	Kambly. Elementar-Mathematik, Th. 2.
11.	„	Meier Hirsch. Sammlung von Aufgaben aus der Buchstaben- rechnung und Algebra.
12.	„	Leunis. Schul-Naturgeschichte, Th. 1 und 2, und No. 5—8.
13.	Tertia B:	Caesaris Com. de bello gallico.
14.	„	Kuhr. Schulgrammatik der lateinischen Sprache.
15.	„	Plötz. Schulgrammatik der französischen Sprache.
16.	„	Herrig. Premières lectures françaises.
17.	„	J. Schmidt. Elementarbuch der englischen Sprache.
18.	„	Schiller's Gedichte, und No. 6, 7, 9, 10, 11, 12.
19.	Tertia A:	Wittstein. Logarithmentafel, und No. 7, 9, 10, 11, 12, 13, 14, 15, 16, 17.
30.	Secunda:	Ranke. Chrestomathie lat. Dichter.
21.	„	Voltaire. Charles XII.
22.	„	Dickens. A Child's history of England.
23.	„	Rammelsberg. Grundriss der unorganischen Chemie.
24.	„	Leunis. Schulnaturgeschichte, Th. 3, und No. 7, 9, 10, 11, 13, 14, 15, 17, 19.

Verfügungen der Behörden.

Königl. Provinzial-Schulcollegium. 7. März 1870. Die Betheiligung höherer Lehranstalten an der Ansstellung des Vereins deutscher Zeichenlehrer wird empfohlen.

Id. 28. Mai 1870. An dem ersten Schultage nach den Sommerferien soll in geeigneter Weise des hundertjährigen Geburtstages Friedrich Wilhelms III gedacht werden.

Städtische Schul-Deputation. 16. September 1870. Diejenigen Kinder, welche ohne eine vollständige elementare Schulbildung erlangt zu haben, die Anstalt verlassen, und von welchen nicht bekannt geworden ist, dass sie einer anderen Schule zugeführt worden sind, sollen der Schuldeputation namhaft gemacht werden.

Königl. Provinzial-Schulcollegium. 15. October 1870. Für die Vorschule wird genehmigt, dass unter Aufhebung des Nachmittagsunterrichts der Unterricht in 6 mal 4 Vormittagsstunden wöchentlich ertheilt werde.

Id. 3. Januar und 12. Januar 1871. Die öffentliche Prüfung soll auf Dienstag, 4. April fallen; hiernach bestimmen sich

die Osterferien: Schluss des Wintersemesters: Mittwoch, 5. April;
     Anfang des Sommersemesters: Donnerstag, 20. April.

Ferner sind festgesetzt:

die Pfingstferien: Schluss der Lectionen: Freitag, 26. Mai,
     Wiederbeginn: Montag, 1. Juni;

die Sommerferien: Schluss der Lectionen: Sonnabend, 1. Juli,
     Wiederbeginn: Montag, 31. Juli;

die Michaelisferien: Schluss des Sommersemesters: Sonnabend, 30. September,
     Beginn des Wintersemesters: Montag, 16. October;

die Weihnachtsferien: Schluss der Lectionen: Mittwoch, 20. December,
     Wiederbeginn: Donnerstag, 4. Januar 1872.

Id. 17. März 1871. Das Kgl. Schulcollegium genehmigt, dass in die Klassen von Quarta aufwärts die „Sammlung von Aufgaben aus der Buchstabenrechnung und Algebra von Meier Hirsch" eingeführt werde, dagegen das Lehrbuch der Algebra von Kambly und das Rechenbuch von Fölsing ferner nicht gebraucht, und in der Vorschule „Koch, Rechenheft Th. 1 und 2" benutzt werde.

Chronik der Anstalt.

Noch vor dem Beginn des Schuljahres wurde die Anstalt durch die Geneigtheit der hohen Königlichen Behörden in ihrer Entwickelung wesentlich dadurch gefördert, dass ihr das Recht verliehen wurde, den einjährigen Secundanern, welche sich das Pensum gut angeeignet, und sich gut betragen haben, die wissenschaftliche Qualification zum einjährig freiwilligen Militairdienst zu bezeugen. Das Königliche Provinzial-Schulcollegium hatte den Secundanern, welche sich die wissenschaftliche Qualification für den einjährig freiwilligen Militairdienst zu erwerben wünschten, gestattet, sich einer Prüfung zu unterziehen. Nachdem die schriftlichen Clausurarbeiten angefertigt waren, fand die mündliche Prüfung unter dem Vorsitz des Herrn Provinzial-Schulrath Dr. Klix am 3. März statt; von den sieben Examinanden bestanden: „sehr gut" einer, „gut" vier, „im Allgemeinen gut" zwei. Unter dem 4. April 1870 eröffnete uns sodann das Königliche Provinzial-Schulcollegium, dass der Herr Minister der geistlichen und Unterrichts- etc. Angelegenheiten durch Verfügung vom 26. März d. J. die Anstalt in die Kategorie derjenigen höheren Bürgerschulen aufgenommen habe, welche zu § 154. 2. d. der Militair-Ersatzinstruction gehören. Der Kanzler des Norddeutschen Bundes hat diese Aufnahme in dem Gesetzblatt des Norddeutschen Bundes vom Jahre 1870, No. 11, pag. 81 publicirt.

Für die Schüler, welche die Reife für Obersecunda erlangt hatten und die Schule noch weiter besuchen wollten, wurde in den fremden Sprachen und den exacten Wissenschaften soweit ein besonderer Unterricht angeordnet, als es für die Absolvirung des Pensums dieser Stufe erforderlich war.

Als im Juli der König sein Volk zu den Fahnen rief, zogen von den Lehrern der Anstalt der Cand. prob. Dr. Oberbeck und der Vorschullehrer Toepfer in den Krieg. Sie sind durch Gottes Hülfe aus allen Gefahren glücklich hervorgegangen. Wenn auch während des ganzen gewaltigen Kampfes das Vaterland so glücklich bewahrt geblieben ist, dass die Schulen in ihrer stillen Arbeit kaum gestört worden sind, so kann doch keine Schule ihre Annalen schreiben, ohne den heissen Gefühlen einen Ausdruck zu geben, mit denen sie den Herrn der Heerschaaren für solche Gnade preiset, dem siegreichen Kaiser und König ihre unterthänige Verehrung, dem unvergleichlichen deutschen Heere ihren Dank und ihre Bewunderung darbringt.

Zu Michaelis wurde Tertia A in zwei Parallel-Coetus getheilt.

Lehrer.

Zu unserem Bedauern schied zu Ostern 1870 der ord. Lehrer Hr. Dr. Mewes von der Anstalt, um an das Friedrichs-Werdersche Gymnasium, und Hr. Dr. Bölcke, um an das Sophien-Gymnasium überzugehen. Hr. Dr. Mewes hat derselben von Michaelis 1868 also drei Semester angehört, und in den verschiedensten Klassen und Lehrgegenständen eine ebenso energische als einsichtige, von Liebe zu dem Amt und zu den Schülern getragene und reichem Erfolg belohnte Wirksamkeit entfaltet. Hr. Dr. Bölcke war Ostern 1869 in das Collegium eingetreten, und hat als Ordinarius von Quinta und als Lehrer der Religion in treuer Hingebung segensreich gewirkt. Lehrer und Schüler bewahren beiden Herren ein dankbares Andenken.

Hr. Dr. Holländer, der uns durch seine Mitwirkung während des Winters 1869—70 zu Dank verpflichtet hat, ging Ostern 1870 an das Cöllnische Gymnasium über. Hr. Dr. Simon hatte während eines Jahres an der Anstalt in der Mathematik und im Rechnen unterrichtet, das lobhafte Interesse, welches er dem Unterricht und den Schülern entgegen brachte, gewann ihm bald die Liebe der Schüler und machte seinen geschickt angelegten Unterricht erfolgreich. Er schied von uns, um seine Thätigkeit am Werder'schen Gymnasium fortzusetzen.

In das Collegium trat zu Ostern 1870 ein Hr. Dr. Bolze als erster Oberlehrer, und Michaelis 1870 Hr. Band als ord. Lehrer. Hr. Koch ist seit Ostern als wissenschaftlicher Hilfslehrer an der Anstalt thätig. Hr. Dr. Oberbeck begann Ostern sein pädagogisches Probejahr; Hr. Lemcke fungirte während des Sommers als wissenschaftlicher Hilfslehrer, ging aber nach erspriesslicher Thätigkeit schon Michaelis an die Louisenstädtische Gewerbeschule über. Die Herren Volchert und Dorn haben seit Michaelis als Probanden und wissenschaftliche Hilfslehrer an der Anstalt gearbeitet. Die Vertretung des Herrn Toepfer übernahm im Sommer Herr Nauke, im Winter Herr Zeiseweis, sie haben ihre Schüler mit väterlicher Freundlichkeit und mit Einsicht gefördert. Herr Krause, der als Lehrer der jüngsten Schüler der Anstalt während eines Jahres eine sehr erfreuliche Thätigkeit entwickelt hatte, wurde zu Michaelis an die Vorschule des Cöllnischen Gymnasiums berufen.

Hr. Dr. Gustav Bolze, geb. zu Magdeburg, studirte Theologie zu Berlin und Halle, absolvirte die erste theologische Prüfung, begab sich dann nach Berlin, um Geschichte und Philologie zu studiren, ward auf Grund einer historischen Dissertation „de rebus Hernlorum" von der philosophischen Facultät zu Berlin zum Doctor der Philosophie promovirt, bestand eben daselbst das Examen pro facultate docendi und ward an der Realschule zu Magdeburg als ordentlicher Lehrer angestellt (Mich. 1855), nachdem er bereits ein halbes Jahr als wissenschaftlicher Hilfslehrer an dieser Anstalt beschäftigt gewesen war. Ostern 1859 ward er zum ordentlichen Lehrer an der Luisenstädtischen Realschule gewählt; Ostern 1864 zum Oberlehrer befördert, blieb er in dieser Stellung bis Ostern 1870. Veröffentlicht sind von ihm ausser der genannten Dissertation: 1) Untersuchung über die älteste Geschichte der Thüringer. Ostern 1859 (Progr.). 2) Die Sachsen vor Karl dem Grossen. Mich. 1861 (Progr.).

Hr. Oscar Band, geb. zu Lützen, studirte in Halle und Erlangen besonders classische Philologie, erwarb sich nach zweijähriger Verwaltung eines Lehramtes an der höheren Bürgerschule und Erziehungs-Anstalt zu M. Gladbach die facultas docendi bei der wissenschaftlichen Prüfungscommission zu Bonn, war dann als Lehrer an der Realschule zu Elberfeld thätig, und ein Jahr in Kyritz und ebenso lange in Straussberg Rector einer höheren Knabenschule.

Im letzten Semester unterrichteten an der Anstalt ausser dem Rector:

Der 1. Oberlehrer   Dr. Bolze,
„ 2. „   Dr. Brecher,
„ 3. „   Dr. Wüllenwober,
„ 4. „   Dr. Jänicke,
„ 1. ordentliche Lehrer Dr. Bieling,
„ 2. „ „ Dr. Wangerin,
„ 3. „ „ Dr. Thieme,
„ 4. „ „ Dr. Zottnow,
„ 5. „ „ Leisering,
„ 6. „ „ Abraham,
„ 7. „ „ Band,
„ wissenschaftliche Hilfslehrer Dr. Kolpe,
„ „ „ Koch,
„ Cand. prob. Volchert,
„ „ „ Dorn,
„ Gesanglehrer, Organist Magnus,
„ Dr. med. Moré, als Zeichenlehrer,
„ 1. Elementarlehrer Schobert,
„ 2. „ Bethge,
„ Hilfslehrer Zeiseweis.

Die Vertheilung der Lehrstunden ergiebt die folgende Tabelle:

Uebersicht über die im Winter 1870 bis 1871 ertheilten Lehrstunden.

Ordinariat	II A.	II B.	III A. 1.	III A. 2.	III B. 1.	III B. 2.	IV A.	IV B.	V A.	V B.	VI A.	VI B.	1. Cl.	2. Cl.	3. Cl.	Insp.
	3 Math.	5 Math. 3 Phys.	4 Math.													
II	8 Lat.	4 Lat. 3 Gesch. u. Geogr.		5 Lat. 4 Gesch. u. Geogr.		2 Rel.										
III A. 1.		2 Rel.	2 Rel. 3 Dtsch. 4 Gesch. u. Geogr.	3 Dtsch.	2 Rel.		2 Rel.	2 Rel.								
III A. 2.	2 Franz.	4 Engl.	4 Franz. 4 Engl.	4 Franz. 4 Engl.												
III B. 1.		8 Dtsch.			3 Dtsch. 5 Lat.	3 Dtsch.		4 Gesch. u. Geogr.		3 Geogr. u. Gesch.						
III B. 2.	2 Engl.	8 Engl.			4 Franz. 4 Engl.	4 Franz. 4 Engl.										
				6 Math. 2 Phys.	6 Math.		6 Math.									
IV B.		5 Lat.						6 Lat. 3 Dtsch.	3 Rel.	3 Rel.						
	1 Chem.	3 Chem. 2 Labor.			2 Nat.	2 Nat.	2 Nat.	2 Nat.	2 Nat.	2 Nat. 5 Rchn.	2 Nat.					
V A.					5 Lat.				6 Lat. 4 Rchn. 4 Dtsch.							1.
V B.				4 Gesch. u. Geogr.		4 Gesch. u. Geogr.				4 Dtsch. 6 Lat.	3 Geogr.					
IV A.			2 Rel.			3 Dtsch. 6 Lat. 2 Nat.	3 Rel.				8 Rel.					1.
VI B.					4 Gesch. u. Geogr.						4 Dtsch. 8 Lat. 5 Rchn.					1.
VI A.									3 Geogr. u. Gesch.	5 Dtsch. 8 Lat. 8 Geogr.						1.
							8 Franz.	5 Franz.	5 Franz.	5 Franz.						
		2 Math. 2 Phys.			6 Math.		6 Math.		4 Rchn.							
		2 Gesang				2 Gesang		2 Ges.	2 Ges.	2 Ges.	2 Ges.					
		2 Zchn.	2 Zchn.	2 Zchn.	2 Zchn.	2 Zchn.	2 Zchn.	2 Zchn.	2 Zchn.	2 Zchn.	2 Zchn.					

Turnunterricht.

Das Turnen fand in der Turnhalle des Hrn. Krischen, Schönhauser Allee No. 182 statt, den Turnunterricht ertheilten die Herren Schobert, Töpfer, Otto und Hopfe.

Frequenz.

Die Schülerzahl betrug im Anfang des Sommersemesters 565, im Anfang des Wintersemesters 643; von diesen waren:

	im Sommer:	im Winter:
in Secunda	17	23
„ Tertia A. I	} 27	18
„ Tertia A. II		27
„ Tertia B. I	28	37
„ Tertia A. II	31	35
„ Quarta A	40	55
„ Quarta B	41	53
„ Quinta A	55	56
„ Quinta B	53	56
„ Sexta A	53	54
„ Sexta B	53	53
„ der 1. Vorschulklasse . .	53	61
„ der 2. Vorschulklasse . .	55	55
„ der 3. Vorschulklasse . .	59	60

Zu Ostern 1870 verliessen 37 Schüler die Anstalt, während des Sommers 16, zu Michaelis 17, während des Winters 9.

Feierlichkeiten.

Die Anstalt feierte am 22. März 1870 den Geburtstag Sr. Majestät des Königs durch eine Rede des Herrn Dr. Jaenicke. Die durch das Provinzialcollegium von dem Hofbuchhändler Herrn A. Duncker übersandten Medaillon erhielten der Secundaner Michaelis und der Sextaner E. Regensburg.

Als die Schule nach dem Schluss der Sommerferien wieder eröffnet wurde, gedachte Herr Dr. Bolze in einer Rede des 100jährigen Geburtstages Friedrich Wilhelms des Dritten und gab zugleich der Freude über die siegreiche Schlacht bei Wörth einen feierlichen Ausdruck.

Das Reformationsfest wurde durch eine Rede des Herrn Dr. Bieling begangen; die vom Magistrat übersandte Denkmünze erhielt der Secundaner Alfred Bernard.

Am 29. September fand ein Actus, Gesang und Declamation, zum Besten der Verwundeten statt, deren Reinertrag mit 66 Thlr. 25 Sgr. an den Berliner Hilfsverein für die deutsche Armee im Felde abgeführt wurde.

Den Geburtstag Sr. Majestät des Kaisers und Königs feierte die Anstalt am 22. März d. J. durch Gesang, Declamation, eine Ansprache des Rectors an die Schüler und Pflanzen einer Eiche auf dem Schulhofe.

Ferien.

Die Pfingstferien dauerten vom 4. bis 8. Juni, die Sommerferien vom 10. Juli bis 7. August, die Michaelisferien vom 2. bis 10. Oct., die Weihnachtsferien vom 22. December bis 4. Januar.

An zwei Sommernachmittagen musste der Unterricht der Hitze wegen ausgesetzt werden.

Lehrmittel.

Für den physikalischen Lehrapparat wurde angeschafft: Eine schiefe Ebene, ein Centrifugalapparat, ein Fühlhebel zur Beobachtung der Ausdehnung der Körper durch die Wärme und kleinere Sachen; für den chemischen Unterricht: eine grosse Quecksilberwanne von Eisenblech, ein Filtrirapparat und eine Anzahl Reagentien; für den geographischen Unterricht vier Wandkarten: Kiepert Italia antiqua, Id. Palästina, Id. Erdkarte nach Mercator's Projection, Raaz Palästina; für den Zeichenunterricht eine grössere Anzahl von Gypsen.

Bibliothek.

Für die Lehrerbibliothek wurden angeschafft: Boekh, Der Deutschen Volkszahl etc.; L. v. Ranke Werke Bd. 1—18; Hettner, Literaturgeschichte des 18. Jahrhunderts; Weigand, Wörterbuch der deutschen Synonymen; Graham-Otto, Lehrbuch der Chemie; Todhunter, History of the theory of probability; Riemann, Partielle Differential-Gleichungen, herausg. von Hattendorf; Cremona, Theorie der Oberflächen, übers. von Kurtze; Steiner, Vorlesungen über synthetische Geometrie, Th. 1: Die Fortsetzungen von Stiehl, Centralblatt; Schmid, Encyklopädie des Unterrichtswesens; Grimm, Deutsches Wörterbuch; Littré, Dictionnaire; Zarncke, Centralblatt; Carl, Repertorium der Physik; Poggendorff, Annalen; Borchardt, Journal; Zacher, Zeitschrift für deutsche Philologie; Lemcke, Jahrbuch für romanische Literatur; Bonitz, Zeitschrift für Gymnasialwesen; Fleckeisen und Masius, Jahrbuch für class. Philologie; Behm', Geograph. Jahrbuch; v. Sybel, Historische Zeitschrift u. A.

Schüler-Bibliothek.

Die von Herrn Schobert verwaltete Schüler-Bibliothek, welche jetzt 400 Bände umfasst, ist im Laufe des verflossenen Jahres u. A. um folgende Werke vermehrt worden: Kurtz, Geschichte der deutschen Literatur; Simrock, Gudrun; Scheffel, Eckehard; Hebel's Werke; Becker, Weltgeschichte; Leo, 12 Bücher niederländischer Geschichte; v. Raumer, Geschichte der Hohenstaufen; Fontane, Der Schleswig-Holsteinsche Krieg; Hiltl, Der böhmische Krieg; Kohl, Reisen in Süd-Russland; Bibliothek geographischer Reisen Bd. 1—6; Schoedler, Brehms illustrirtes Thierleben.

Bibliotheca Pauperum.

Für die Bibliotheca Pauperum, deren Verwaltung sich Hr. Dr. Jänicke freundlichst unterzogen hat, schenkten Artikel ihres Verlages Herr A. Enslin: Fölsing, Rechenbuch I. II, je 4 Ex. — Herr F. A. Herbig: Plötz, Schulgrammatik 3 Ex. und Plötz, Elementarbuch 5 Ex. — Herr C. Duncker: Dielitz, Grundriss 8 Ex. und Voigt, Leitfaden zum geogr. Unterricht 12 Ex. — Herr G. Reimer: Dielitz, und Heinrichs deutsches Lesebuch 3 Ex. und Kuhr, lat. Schulgrammatik 3 Ex. — Herr D. Reimer: Brecher, Karte des preuss. Staates 3 Ex. — Herr I. Guttentag: Rüdorff, Grundriss der Chemie 2 Ex. — Herr B. G. Teubner: Caesar de bello Gallico und

Livius I. II, je 4 Ex. — Die Hirt'sche Universitäts- und Verlagsbuchhandlung: Kambly, Elementarmathematik I. II, je 4 Ex. — Die Hahn'sche Hofbuchhandlung: Leunis, Schulnaturgeschichte I—III, je 3 Ex., und Wittstein, fünfstellige Logarithmen 3 Ex.

Ausserdem wurden mehrere Bücher von Schülern der Anstalt bei ihrer Versetzung oder bei ihrem Abgange geschenkt.

Geschenke.

Der Vorstand des hiesigen Vereins der Kunstfreunde im Preussischen Staate hat in der Ueberzeugung, dass die Betrachtung guter Kunstwerke vorzüglich geeignet ist, den Sinn für die Kunst zu wecken, dem Magistrat eine Auswahl seiner Vereinsblätter zur Aufstellung in den Zeichensälen der hiesigen höheren Lehranstalten als Geschenk überwiesen. Durch Verfügung des Magistrats vom 16. März 1870 erhielt unsere Anstalt 10 von diesen Blättern.

Für die Bibliothek schenkten Herr Abraham: Friedländer, Sittengeschichte Roms, und Burkhardt, Cultur der Renaissance in Italien; die Herren Verleger: Rubien, Leitfaden der unorganischen Chemie. Wrietzen bei Riemschneider; Hoche, Lat. Lesebuch, 2. Abth. Leipzig bei Teubner; Krebs, Lehrbuch der Physik. Wiesbaden 1870. Kreidel's Verlag; Günther, Deutsche Heldensage des Mittelalters. Hannover, C. Brandes; Richter, Lehrbuch der Religion. Magdeburg, Creutz; Bender, Deutsche Geschichte. Essen, Bädeker; O. Lange, Weltgeschichte. Berlin, Gaertner. Kuhr, Schulgrammatik, 4. Aufl. Id. Uebungsbuch für den ersten Unterricht im Lat., beides Berlin, G. Reimer. Herr Hirt in Breslau schenkte aus seinem Verlage: Auras und Guerlich, Deutsches Lesebuch; Kambly, Elementar-Math., 4 Bde.; Schilling, Grundriss der Naturgeschichte; Id. kl. Schulnaturgeschichte; Id. Schulatlas der Naturgeschichte; Seydlitz, Schulgeographie (grössere und kleinere Ausgabe), Preussische Heimathskunde und Schulgeographie von Deutschland.

Für die naturhistorische Sammlung schenkten die Schüler Hans Finke einen ausgestopften Fasan und einen Holzhäher, Marschner eine Ringelnatter, Lohronz ein Stück eines Pferdemagens mit Larven von Gastrophilus equi.

Wir sagen den Gebern für diese Geschenke unseren verbindlichsten Dank.

Ordnung der öffentlichen Prüfung.

Dienstag, den 4. April 1871.

Vormittags von 9 bis 12 Uhr.

Choral: „Lobe den Herren, den mächtigen König".

Quarta B:	Religion	Hr. Brecher.
Quarta A:	Deutsch	Hr. Band.
Tertia B. II:	Englisch	Hr. Bieling.
Tertia B. I:	Latein	Hr. Jänicke.
Tertia A. II:	Geometrie	Hr. Wangerin.
Tertia A. I:	Französisch	Hr. Wüllenweber.
Secunda:	Geschichte	Hr. Bolze.

Gesang der ersten Gesangsabtheilung.

Die grosse Doxologie. Von Bortniansky.

Ehre sei Gott in der Höhe und Friede auf Erden und den Menschen ein Wohlgefallen. Wir loben Dich, wir benedeien Dich, wir beten Dich an, wir preisen Dich, wir sagen Dir Dank um Deiner grossen Herrlichkeit willen. Herr, Gott, himmlischer König, allmächtiger Vater! Herr, Du eingeborner Sohn, Jesus Christus; Herr, Gott, Du Lamm Gottes, Sohn des Vaters, der Du die Sünde der Welt trägst, nimm an unser Gebet; der Du sitzest zur Rechten des Vaters, erbarme Dich unser! Denn Du allein bist heilig, Du allein bist der Herr, Du allein bist der Allerhöchste, Jesus Christus mit dem heiligen Geiste in der Herrlichkeit Gottes des Vaters. Amen.

Aus dem Danklied zu Gott. Von Gellert, comp. von Joseph Haydn.

Du bist's dem Ruhm und Ehre gebühret,
Und Ruhm und Ehre bring' ich Dir.
Du Herr hast stets mein Schicksal regieret,
Und Deine Hand war über mir.

Borussia. Preussischer Volksgesang von Spontini.

Wo ist das Volk, das kühn von That,
Der Tyrannei den Kopf zertrat?
Gross, unbezwungen steht es da,
Es ist dein Volk, Borussia!

Wie heisst das Land, wo recht Gericht
Den Stab dem mächt'gen Frevler bricht?
Wo Schutz dem guten Bürger nah:
Das Land, es heisst Borussia.

Da grünt des Lorbeers frisches Reis,
Des tapfern Kriegers hoher Preis.
Nicht mehr verlässt Victoria
Ihr Heldenland Borussia!

Bescheidnen Sinnes sieht ein Mann,
Mit Gott im Bunde, glaubend an
Das Werk, das dir durch ihn geschah:
Dein König ist's, Borussia.

Hoch schwingt die Fahne seine Hand
Für Ehre, Recht und Vaterland!
Da schaart um ihn von Fern und Nah
Sich fest dein Volk, Germania!

Lied von Fr. Oser, comp. von E. Bohde.

Nun fangen die Weiden zu blühen an,
O jauchze, mein Herz!
Schon zwitschert ein Vöglein dann und wann,
O jauchze mein Herz!
Und ist's auch der holde Frühling noch nicht,
Mit dem schönen Grün und dem Blüthenlicht,
Wer weiss, über Nacht
Kommt er mit Macht,
Und bald mit all' seiner Lust und Pracht,
Jauchze nur, o jauchze mein Herz!

Weiss rauschen die Blüthen herab ins Thal,
O jauchze, mein Herz!
Viel muthiger lacht schon der Sonne Strahl,
O jauchze, mein Herz!
Und liegt auch noch in den Furchen der Schnee,
Und thäte der Reif dem Frühling noch weh,
Wer weiss, über Nacht
Kommt er etc.

Fürwahr, schon spür' ich ein Lüftchen lau,
O jauchze, mein Herz!
Am Borde gar nicket ein Blümchen schlau,
O jauchze, mein Herz!
Und schwimmt auch noch auf den Seen das Eis,
Und wartet der Frühling noch kluger Weis',
Wer weiss, über Nacht
Kommt er etc.

Nachmittags von 2 bis 4 Uhr.

Dritte Vorschulklasse:	Sprechübung	. .	Hr. **Zeiseweis.**
Zweite „	Deutsch	. . . .	Hr. **Bethge.**
Erste „	Rechnen	. . . .	Hr. **Schobert.**
Sexta B:	Deutsch	. . . .	Hr. **Kolpe.**
Sexta A:	Rechnen	. . . .	Hr. **Zettnow.**
Quinta B:	Latein	. . . .	Hr. **Abraham.**
Quinta A:	Geographie	. . .	Hr. **Koch.**

Gesang.

Zur Nachricht: Die Communalbehörden haben die Absicht ausgesprochen, unsere Anstalt zu Ostern d. J. zu einer Realschule erster Ordnung zu erweitern; bei den hohen Königlichen Behörden sind die erforderlichen Schritte geschehen, und wir dürfen hoffen, dass dieser Plan die Allerhöchste Bestätigung finden werde. Die Prima wird in diesem Falle zu Ostern d. J. eröffnet werden.

Der Sommercursus beginnt am Donnerstag den 20. April. Zur Aufnahme neuer Schüler werde ich am 8., 11. und 17. April von 10—1 Uhr Vormittags im Schulgebäude Stein-Strasse No. 32—34 anwesend sein.

Bertram.